La Philosophie française et son rôle dans le monde

Henry Bergson
Alfred Fouillé

La Philosophie française et son rôle dans le monde

Editions Le Mono

ISBN : 978-2-36659-172-9
EAN : 9782366591729

La philosophie française « a défendu l'idée du devoir et l'a fortement séparée de l'intérêt personnel. Elle a défendu la liberté humaine au point de vue philosophique, moral et politique. »

(Paul Janet, *La Philosophie de la Révolution française.*)

Première Partie

La Philosophie française[1]

Le rôle de la France dans l'évolution de la philosophie moderne est bien net : la France a été la grande initiatrice. Ailleurs ont surgi également, sans doute, des philosophes de génie ; mais nulle part il n'y a eu, comme en France, continuité ininterrompue de création philosophique originale. Ailleurs on a pu aller plus loin dans le développement de telle ou telle idée, construire plus systématiquement avec tels ou tels matériaux, donner plus d'extension à telle ou telle méthode ; mais bien souvent les matériaux, les idées, la méthode étaient venus de France.

Il ne peut être question ici d'énumérer toutes les doctrines, ni de citer tous les noms. Nous ferons un choix ; puis nous tâcherons de démêler les traits caractéristiques de la pensée philosophique française. Nous verrons pourquoi elle est restée créatrice, et à quoi tient sa puissance de rayonnement.

---

[1] Par Henri Bergson

I

Toute la philosophie moderne dérive de Descartes[2]. Nous n'essaierons pas de résumer sa doctrine : chaque progrès de la science et de la philosophie permet d'y découvrir quelque chose de nouveau, de sorte que nous comparerions volontiers cette œuvre aux œuvres de la nature, dont l'analyse ne sera jamais terminée. Mais de même que l'anatomiste fait dans un organe ou dans un tissu une série de coupes qu'il étudie tour à tour, ainsi nous allons couper l'œuvre de Descartes par des plans parallèles situés les uns au-dessous des autres, pour obtenir d'elle, successivement, des vues de plus en plus profondes.

Une première coupe révèle dans le cartésianisme la philosophie des idées « claires et distinctes », celle qui a définitivement délivré la pensée moderne du joug de l'autorité pour ne plus admettre d'autre marque de la vérité que l'évidence.

---

[2] René Descartes est considéré comme le père fondateur de la Philosophie moderne et sa pensée a largement influencé le monde. « Votre nation (La France), disait Hegel, a fait assez pour la philosophie en lui donnant Descartes. » La deuxième partie de ce livre reviendra sur le rôle du philosophe français dans le monde.

Un peu plus bas, en creusant la signification des termes « évidence », « clarté », « distinction », on trouve une théorie de la méthode. Descartes, en inventant une géométrie nouvelle, a analysé l'acte de création mathématique. Il décrit les conditions de cette création. Il apporte ainsi des procédés généraux de recherche, qui lui ont été suggérés par sa géométrie.

En approfondissant à son tour cette extension de la géométrie, on arrive à une théorie générale de la nature, considérée comme un immense mécanisme régi par des lois mathématiques. Descartes a donc fourni à la physique moderne son cadre, le plan sur lequel elle n'a jamais cessé de travailler, en même temps qu'il a apporté le type de toute conception mécanistique de l'univers.

Au-dessous de cette philosophie de la nature on trouverait maintenant une théorie de l'esprit ou, comme dit Descartes, de la « pensée », un effort pour résoudre la pensée en éléments simples : cet effort a ouvert la voie aux recherches de Locke et de Condillac. On trouverait surtout cette idée que la pensée existe d'abord, que la matière est donnée par surcroît et pourrait, à la rigueur, n'exister que comme représentation de l'esprit. Tout l'idéalisme moderne est sorti de là, en particulier l'idéalisme allemand.

Enfin, au fond de la théorie cartésienne de la pensée, il y a un nouvel effort pour ramener la pensée, au moins partiellement, à la volonté.

Les philosophies « volontaristes » du XIXe siècle se rattachent ainsi à Descartes. Ce n'est pas sans raison qu'on a vu dans le cartésianisme une « philosophie de la liberté ».

À Descartes remontent donc les principales doctrines de la philosophie moderne. D'autre part, quoique le cartésianisme offre des ressemblances de détail avec telles ou telles doctrines de l'antiquité ou du moyen âge, il ne doit rien d'essentiel à aucune d'elles. Le mathématicien et physicien Biot a dit de la géométrie de Descartes : « *proles sine matre creata* ». Nous en dirions autant de sa philosophie.

Si toutes les tendances de la philosophie moderne coexistent chez Descartes, c'est le rationalisme qui prédomine, comme il devait dominer la pensée des siècles suivants. Mais à côté ou plutôt au-dessous de la tendance rationaliste, recouvert, et souvent dissimulé par elle, il y a un autre courant qui traverse la philosophie moderne. C'est celui qu'on pourrait appeler sentimental, à condition de prendre le mot « sentiment » dans l'acception que lui donnait le XVIIe siècle, et d'y comprendre toute connaissance immédiate et intuitive. Or ce second courant dérive, comme le premier, d'un philosophe français. Pascal a introduit en philosophie une certaine manière de penser qui n'est pas la pure raison, puisqu'elle corrige par l' « esprit de finesse » ce que le raisonnement a de géométrique, et qui n'est pas non plus la contemplation mystique, puisqu'elle aboutit à des résultats susceptibles d'être contrôlés et vérifiés par tout le monde. On trouverait, en rétablissant les anneaux intermédiaires de la chaîne, qu'à Pascal se rattachent les doctrines modernes qui font passer en première ligne la connaissance immédiate, l'intuition, la vie intérieure, comme à Descartes (malgré les velléités d'intuition qu'on rencontre dans le cartésianisme lui-même) se rattachent, plus particulièrement les philosophies de la raison pure. Nous ne pouvons entreprendre ce travail. Bornons-nous à constater que Descartes et Pascal sont les grands représentants des deux formes ou méthodes de pensée entre lesquelles se partage l'esprit moderne.

L'un et l'autre ont rompu avec la métaphysique des Grecs. Mais l'esprit humain ne renonce pas facilement à ce dont il a fait sa nourriture pendant bien des siècles. La philosophie grecque avait alimenté le moyen âge, grâce à Aristote. Elle avait imprégné la Renaissance, grâce surtout à Platon. Il était naturel qu'on cherchât, après Descartes, à l'utiliser en la rapprochant du cartésianisme. On devait y être porté par la tendance même des philosophes à mettre leur pensée sous une forme systématique, car le « système » par excellence est celui qui a été, préparé par Platon et Aristote, définitivement constitué et consolidé par les néo-platoniciens ; et il serait aisé de montrer (nous ne pouvons entrer dans le détail de cette démonstration) que toute tentative pour bâtir un système s'inspire par quelque côté de l'aristotélisme, du platonisme ou du néo-platonisme. De fait, les deux doctrines métaphysiques qui surgirent hors de

France dans la seconde moitié du XVIIe siècle furent des combinaisons du cartésianisme avec la philosophie grecque. La philosophie de Spinoza, si originale soit-elle, aboutit à fondre ensemble la métaphysique de Descartes et l'aristotélisme des docteurs juifs. Celle de Leibniz, dont nous ne méconnaissons pas non plus l'originalité, est encore une combinaison du cartésianisme avec l'aristotélisme, surtout avec l'aristotélisme des néo-platoniciens. Pour des raisons que nous indiquerons tout à l'heure, la philosophie française n'a jamais eu beaucoup de goût pour les grandes constructions métaphysiques ; mais quand il lui a plu d'entreprendre des spéculations de ce genre, elle a montré ce qu'elle était capable de faire, et avec quelle facilité elle le faisait. Tandis que Spinoza et Leibniz construisaient leur système, Malebranche avait le sien. Lui aussi avait combiné le cartésianisme avec la métaphysique des Grecs (plus particulièrement avec le platonisme des Pères de l'Église). Le monument qu'il a élevé est un modèle du genre. Mais il y a en même temps chez Malebranche toute une psychologie et toute une morale qui conservent leur valeur, même si l'on ne se rallie pas à sa métaphysique. Là est une des marques de la philosophie française : si elle consent parfois à devenir systématique, elle ne fait pas de sacrifice à l'esprit de système ; elle ne déforme pas à tel point les éléments de la réalité qu'on ne puisse utiliser les matériaux de la construction en dehors de la construction même. Les morceaux en sont toujours bons.

Descartes, Pascal, Malebranche, tels sont les trois grands représentants de la philosophie française au XVIIe siècle. Ils ont fourni trois types de doctrines que nous rencontrons dans les temps modernes.

Essentiellement créatrice fut encore la philosophie française du XVIIIe siècle. Mais, ici encore, nous devons renoncer à entrer dans le détail. Disons un mot des théories les plus importantes et citons les principaux noms.

On commence seulement à rendre à Lamarck la justice qui lui est due. Ce naturaliste, qui fut aussi un philosophe, est le véritable créateur de l'évolutionnisme biologique. Il est le premier qui ait conçu nettement, et poussé jusqu'au bout, l'idée de faire sortir les espèces les unes des autres par voie de transformation. La gloire de Darwin n'en est pas diminuée. Darwin a serré de plus près les faits ; il a surtout découvert le rôle de la concurrence et de la sélection. Mais concurrence et sélection expliquent comment certaines variations se conservent ; elles ne rendent pas compte — Darwin le disait lui-même — des causes de la variation. Bien avant Darwin, (puisque ses recherches datent de la fin du XVIIIe siècle et du commencement du

XIXe), Lamarck avait affirmé avec la même netteté la transformation des espèces, et il avait essayé, en outre, d'en déterminer les causes. Plus d'un naturaliste revient aujourd'hui à Lamarck, soit pour combiner ensemble lamarckisme et darwinisme, soit même pour remplacer le darwinisme par un lamarckisme perfectionné. C'est dire que la France a fourni à la science et à la philosophie, au XVIIIe siècle, le grand principe d'explication du monde organisé, comme, au siècle précédent, avec Descartes, elle leur avait apporté le plan d'explication de la nature inorganique.

Les recherches et les réflexions de Lamarck avaient d'ailleurs été préparées en France par beaucoup de travaux originaux sur la nature et la vie. Bornons-nous à rappeler les noms de Buffon et de Bonnet.

D'une manière générale, les penseurs français du XVIIIe siècle ont fourni les éléments de certaines théories de la nature qui devaient se constituer au siècle suivant. Nous venons de parler du problème de l'origine des espèces. Celui de la relation de l'esprit à la matière, abordé dans un sens plutôt matérialiste, fut posé cependant par les philosophes français du XVIIIe siècle avec une précision telle qu'il appelait aussi bien, dès lors, d'autres solutions.

Il faut citer ici les noms de La Mettrie, de Cabanis, etc., et encore celui de Charles Bonnet.

On montrerait sans peine que leurs recherches sont à l'origine de la psycho-physiologie qui s'est développée pendant le XIXe siècle. Mais la psychologie elle-même, entendue comme une idéologie, c'est-à-dire comme une reconstruction de l'esprit avec des éléments simples, — la psychologie telle que l'a comprise l'école « associationiste » du siècle dernier, — est sortie, en partie, des travaux français du XVIIIe siècle, notamment de ceux de Condillac. Il est juste de reconnaître que les Anglais y ont contribué pour une part plus large encore, et que la doctrine de Locke n'avait pas été sans influence sur l'idéologie française. Mais Locke n'avait-il pas été influencé lui-même par Descartes ? Anticipant sur ce que nous aurons à dire du XIXe siècle, nous pouvons dès maintenant faire remarquer que l'œuvre psychologique de Taine, son analyse de l'intelligence, dérive en partie de l'idéologie du XVIIIe siècle, plus spécialement de Condillac.

Nous n'avons pas à parler ici de la philosophie sociale. Tout le monde sait comment s'élaborèrent en France, au cours du XVIIIe siècle, les principes de la science politique en général, et plus particulièrement les idées qui devaient amener une transformation de la société. À Montesquieu, à Turgot, à Condorcet, est dû l'approfondissement des concepts de loi, de gouvernement, de progrès, etc., comme aux encyclopédistes en général (d'Alembert, Diderot, La Mettrie, Helvetius, d'Holbach) le mouvement qui aboutit à, « rationaliser » l'humanité et à la tourner aussi du côté des arts mécaniques.

Mais la plus puissante des influences qui se soient exercées sur l'esprit humain depuis Descartes, — de quelque manière d'ailleurs qu'on la juge, — est incontestablement celle de Jean-Jacques Rousseau. La réforme qu'il opéra dans le domaine de la pensée pratique fut aussi radicale que l'avait été celle de Descartes dans le domaine de la spéculation pure. Lui aussi remit tout en question ; il voulut remodeler la société, la morale, l'éducation, la vie entière de l'homme sur des principes « naturels ». Ceux mêmes qui ne se sont pas ralliés à ses idées ont dû adopter quelque chose de sa méthode. Par l'appel qu'il a lancé au sentiment, à l'intuition, à la conscience profonde, il a encouragé une certaine manière de penser que l'on trouvait déjà chez Pascal (dirigée, il est vrai, dans un sens tout différent), mais qui n'avait pas encore droit de cité en philosophie. Quoiqu'il n'ait pas construit un système, il a inspiré en partie les systèmes métaphysiques du XIXe siècle : le Kantisme d'abord, puis le « romantisme » de la philosophie allemande lui durent beaucoup. L'art et la littérature lui doivent au moins autant. Son œuvre apparaît à chaque génération nouvelle sous quelque nouvel aspect. Elle agit encore sur nous.

Dans le coup d'œil que nous venons de jeter sur la philosophie française du XVIIe et du XVIIIe siècles, nous avons pris une vue d'ensemble ; nous avons dû laisser de côté un grand nombre de penseurs et ne considérer que les plus importants d'entre eux. Que sera-ce pour le XIXe siècle ? Il n'y a guère de savant français, ni même d'écrivain français, qui n'ait apporté sa contribution à la philosophie.

Si les trois siècles précédents avaient vu naître et se développer les sciences abstraites et concrètes de la matière inorganique, — mathématiques, mécanique, astronomie, physique et chimie, — le XIXe siècle devait approfondir en outre les sciences de la vie : vie organique et même, jusqu'à un certain point, vie sociale. Ici encore les Français furent des initiateurs. On leur doit la théorie de la méthode, et une partie importante des résultats.

Nous faisons allusion surtout à Claude Bernard, et à Auguste Comte.

L'Introduction à la médecine expérimentale de Claude Bernard a été, pour les sciences concrètes de laboratoire, ce que le Discours de la méthode de Descartes avait été pour les sciences plus abstraites. C'est l'œuvre d'un physiologiste de génie qui s'interroge sur la méthode qu'il a suivie, et qui tire de sa propre expérience des règles générales d'expérimentation et de découverte.

La recherche scientifique, telle que Claude Bernard la recommande, est un dialogue entre l'homme et la nature. Les réponses que la nature fait à nos questions donnent à l'entretien une tournure imprévue, provoquent des questions nouvelles auxquelles la nature réplique en suggérant de nouvelles idées, et ainsi de suite indéfiniment. Ni les faits ni les idées ne sont donc constitutifs de la science : celle-ci, toujours provisoire et toujours, en partie, symbolique, naît de la collaboration de l'idée et du fait. Immanente à l'œuvre de Claude Bernard est ainsi l'affirmation d'un écart entre la logique de l'homme et celle de la nature. Sur ce point, et sur plusieurs autres, Claude Bernard a devancé les théoriciens « pragmatistes » de la science.

Le Cours de philosophie positive d'Auguste Comte est une des grandes œuvres de la philosophie moderne. L'idée, simple et géniale, d'établir entre les sciences un ordre hiérarchique qui va des mathématiques à la sociologie, s'impose à notre esprit, depuis que Comte l'a formulée, avec la force d'une vérité définitive. Si l'on peut contester sur certains points l'œuvre sociologique du maître, il n'en a pas moins eu le mérite de tracer à la sociologie son programme et de commencer à le remplir. Réformateur à la manière de Socrate, il eût été tout disposé, comme on l'a fait remarquer, à adopter la maxime socratique « connais-toi toi-même » ; mais il l'eût appliquée aux sociétés et non plus aux individus, la connaissance de l'homme social étant à ses yeux le point culminant de la science et l'objet par excellence de la philosophie. Ajoutons que le fondateur du positivisme, qui se déclara l'adversaire de toute métaphysique, est une âme de métaphysicien, et que la postérité verra dans son œuvre un puissant effort pour « diviniser » l'humanité.

Renan n'a pas de parenté intellectuelle avec Comte. Mais, à sa manière, et dans un sens assez différent, il a eu, lui aussi, cette religion de l'humanité qu'avait rêvée le fondateur du positivisme. La séduction qu'il exerça sur son temps tient à bien des causes. Ce fut d'abord un merveilleux écrivain, si toutefois on peut encore appeler écrivain celui qui nous fait oublier qu'il emploie des mots, sa pensée paraissant s'insinuer directement dans la nôtre. Mais bien séduisante aussi, bien adaptée au siècle qui avait revivifié les sciences historiques, était la conception doublement optimiste de l'histoire qui pénétrait l'œuvre de ce maître ; car, d'une part, il pensait que l'histoire enregistre un progrès ininterrompu de l'humanité, et, d'autre part, il voyait en elle un succédané de la philosophie et de la religion.

Cette même foi à la science — aux sciences qui étudient l'homme — se retrouve chez H. Taine, un penseur qui eut autant d'influence que Renan en France, et qui en eut peut-être plus encore que Renan à l'étranger. Taine veut appliquer à l'étude, de l'activité humaine sous ses diverses formes, dans la littérature, dans l'art, dans l'histoire, les méthodes du naturaliste et du physicien. D'autre part, il est tout pénétré de la pensée des anciens maîtres : avec Spinoza il croit à l'universelle nécessité ; sur la puissance en quelque sorte magique de l'abstraction, sur les « qualités principales » et les « facultés maîtresses », il a des vues qui le rapprochent d'Aristote et de Platon. Il revient ainsi, implicitement, à la métaphysique ; mais il borne l'horizon de cette métaphysique à l'homme et aux choses humaines. Pas plus que Renan, il ne ressemble ni ne se rattache à Comte. Et pourtant ce n'est pas tout à fait sans raison qu'on le classe parfois, ainsi que Renan lui-même, parmi les positivistes. Il y a bien des manières, en effet, de définir le positivisme ; mais nous croyons qu'il faut y voir, avant tout, une conception anthropocentrique de l'univers.

Entre la philosophie biologique et la philosophie sociale, dont la création est due pour une si large part, au génie français, vient se placer un ordre de recherches qui, lui aussi, appartient surtout au XIXe siècle : nous voulons parler de la psychologie. Ce n'est pas à dire qu'il n'y eût ou déjà, particulièrement en France, en Angleterre et en Écosse, des psychologues pénétrants ; mais l'observation intérieure, laissée à elle même et réduite à l'étude des phénomènes normaux, avait difficilement accès à certaines régions de l'esprit, notamment au « subconscient ». À la méthode habituelle d'observation intérieure le XIXe siècle en a adjoint deux autres : d'un côté, l'ensemble des procédés de mensuration dont on fait usage dans les laboratoires, et, d'autre part, la méthode qu'on pourrait appeler clinique, celle qui consiste à recueillir des observations de malades et même à provoquer des phénomènes morbides (intoxication, hypnotisme, etc.). De ces deux méthodes, la première a été pratiquée surtout en Allemagne ; quoiqu'elle ne soit pas négligeable, elle est loin d'avoir donné ce qu'on attendait d'elle. La seconde, au contraire, a déjà fourni des résultats importants, et elle en laisse entrevoir d'autres, plus considérables encore. Or cette dernière psychologie, cultivée aujourd'hui dans bien des pays, est une science d'origine française, qui est restée éminemment française. Préparée par les aliénistes français de la première moitié du XIXe siècle, elle s'est constituée d'une manière définitive avec Moreau de Tours, et elle n'a pas cessé, depuis, d'être représentée en France par des maîtres, soit qu'ils fussent venus de la pathologie à la psychologie, soit que ce fussent des psychologues attirés vers la pathologie mentale. Il nous suffira de citer les noms de Charcot, de Ribot, de Pierre Janet et de Georges Dumas.

Mais, tandis qu'une partie de la philosophie française, au XIXe siècle, s'orientait ainsi dans la direction de la physiologie, de la psychologie, de la sociologie, le reste prenait pour objet de spéculation, comme aux siècles précédents, la nature en général, l'esprit en général.

Dès le début du siècle, la France ont un grand métaphysicien, le plus grand qu'elle eût produit depuis Descartes et Malebranche : Maine de Biran. Peu remarquée au moment où elle parut, la doctrine de Maine de Biran a exercé une influence croissante : on peut se demander si la voie que ce philosophe a ouverte n'est pas celle où la métaphysique devra marcher définitivement. À l'opposé de Kant (car c'est à tort qu'on l'a appelé le « Kant français »), Maine de Biran a jugé que l'esprit humain était capable, au moins sur un point, d'atteindre l'absolu et d'en faire l'objet de ses spéculations. Il a montré que la connaissance que nous avons de nous-même, en particulier dans le sentiment de l'effort, est une connaissance privilégiée, qui dépasse le pur « phénomène » et qui atteint la réalité « en soi », — cette réalité que Kant déclarait inaccessible à nos spéculations. Bref, il a conçu l'idée d'une métaphysique qui s'élèverait de plus en plus haut, vers l'esprit en général, à mesure que la conscience descendrait plus bas, dans les profondeurs de la vie intérieure. Vue géniale, dont il a tiré les conséquences sans s'amuser à des jeux dialectiques, sans bâtir un système.

Que d'ailleurs Maine de Biran ait une certaine parenté avec Pascal, c'est ce que nous entrevoyons quand nous lisons Ravaisson. Attaché à Pascal autant qu'à Maine de Biran, épris de l'art grec autant que de la philosophie grecque, Ravaisson nous fait admirablement comprendre comment l'originalité de chaque philosophe français ne l'empêche pas de se relier à une certaine tradition, et comment cette tradition elle-même rejoint la tradition classique. Un Descartes a beau rompre avec la philosophie des anciens : son œuvre conserve les qualités d'ordre et de mesure qui furent caractéristiques de la pensée grecque. Ravaisson a mis en lumière ce côté artistique et classique de la pensée philosophique française. Lui-même a tracé les linéaments d'une philosophie qui mesure la réalité des choses à leur degré de beauté.

On ne peut prononcer le nom de Ravaisson sans y associer celui de Lachelier, un penseur dont l'influence fut tout aussi considérable. Lachelier réveilla la philosophie universitaire à un moment où elle s'endormait dans la doctrine, facile et aimable, de Victor Cousin. Sa thèse sur le fondement de l'induction restera classique, comme tout ce qui porte la marque de la perfection. Sa doctrine, qui se réclame du kantisme, dépasse en réalité l'idéalisme de Kant et inaugure même un, réalisme d'un genre particulier, qui pourrait être rattaché à celui de Maine de Biran. Maître incomparable, il a nourri de sa pensée plusieurs générations de maîtres.

De la philosophie de Ravaisson, et plus particulièrement de ses vues sur l'habitude, de la philosophie d'Auguste Comte aussi (en tant qu'elle affirme l'irréductibilité des sciences les unes aux autres) on pourrait rapprocher la théorie neuve et profonde que Boutroux expose dans sa thèse sur « la contingence des lois de la nature ». Par une voie toute différente, par l'analyse des conditions auxquelles est soumise la construction des concepts scientifiques, le grand mathématicien Henri Poincaré est arrivé à des conclusions du même genre : il montre ce qu'il y a de relatif à l'homme, de relatif aux exigences et aux préférences de notre science, dans le réseau de lois que notre pensée étend sur l'univers. Analogue est la doctrine de Milhaud. Et l'on pourrait ranger du même côté Édouard Le Roy, si l'œuvre de ce philosophe n'était animée, malgré certaines ressemblances extérieures, d'un esprit différent : sa critique de la science est liée à des vues personnelles, profondes, sur la réalité en général, sur la morale et la religion.

L'idée dominante de Liard a été de maintenir en face l'une de l'autre la métaphysique et la science, comme deux formes également légitimes de la pensée. Le même souci existe chez Fouillée. Psychologue et sociologue autant que dialecticien, Fouillée a développé une théorie des idées-forces qui est un rationalisme élargi. Il n'est guère de question, théorique ou pratique, que ce penseur brillant n'ait abordée, et sur laquelle il n'ait présenté des vues intéressantes et suggestives. Il eut dans Guyau un disciple génial. Moins célèbre que Nietzsche, Guyau avait soutenu, avant le philosophe allemand, en termes plus mesurés et sous une forme plus acceptable, que l'idéal moral doit être cherché dans la plus haute expansion possible de la vie.

Nous avons laissé de côté dans cette énumération rapide, deux penseurs de premier ordre que nous ne pouvions pas rattacher à la tradition issue de Maine de Biran. Nous voulons parler de Renouvier et de Cournot.

Parti du criticisme kantien, qu'il avait d'ailleurs profondément modifié dès le début, Renouvier s'en est dégagé peu à peu pour arriver à des conclusions qui ne sont pas très éloignées, quant à la lettre, de celles du dogmatisme métaphysique : il affirme, en particulier, l'indépendance de la personne humaine ; il réintègre la liberté dans le monde. Mais il renouvelle la signification de ces thèses, en les rapprochant des données de la science positive, et surtout en les faisant précéder d'une critique de l'entendement humain. Par sa morale, autant que par sa théorie de la nature et de l'homme, il a agi considérablement sur la pensée de son temps.

Conduit à la philosophie, lui aussi, par l'étude des sciences, et en particulier par les mathématiques, Cournot institua une critique d'un genre nouveau, qui, à la différence de la critique kantienne, porte à la fois sur la forme et sur la matière de notre connaissance, sur les méthodes et sur les résultats. Sur une foule de points — notamment sur le hasard et la probabilité — il a apporté des vues neuves, pénétrantes et profondes. Il est temps de mettre ce penseur à sa vraie place, — une des premières, — parmi les philosophes du XIXe siècle.

On pourrait maintenant, pour conclure, dire un mot de l'entreprise tentée par l'auteur de l'Évolution créatrice pour porter la métaphysique sur le terrain de l'expérience et pour constituer, en faisant appel à la science et à la conscience, en développant la faculté d'intuition, une philosophie capable de fournir, non plus seulement des théories générales, mais aussi des explications concrètes de faits particuliers. La philosophie, ainsi entendue, est susceptible de la même précision que la science positive. Comme la science, elle pourra progresser sans cesse en ajoutant les uns aux autres des résultats une fois acquis. Mais elle visera en outre — et c'est par là qu'elle se distingue de la science — à élargir de plus en plus les cadres de l'entendement, dût-elle briser tel ou tel d'entre eux, et à dilater indéfiniment la pensée humaine.

II

Nous avons passé en revue un certain nombre de philosophes français, en tenant surtout compte de leur diversité, de leur originalité, de ce qu'ils ont apporté de nouveau et de ce que le monde leur doit. Nous allons maintenant chercher s'ils ne présenteraient pas certains traits communs, caractéristiques de la pensée française.

Le trait qui frappe d'abord, quand on parcourt un de leurs livres, est la simplicité de la forme. Si on laisse de côté, dans la seconde moitié du XIXe siècle, une période de vingt ou trente ans pendant laquelle un petit nombre de penseurs, subissant une influence étrangère, se départirent parfois de la clarté traditionnelle, on peut dire que la philosophie française s'est toujours réglée sur le principe suivant : il n'y a pas d'idée philosophique, si profonde ou si subtile soit-elle, qui ne puisse et ne doive s'exprimer dans la langue de tout le monde. Les philosophes français n'écrivent pas pour un cercle restreint d'initiés ; ils s'adressent à l'humanité en général. Si, pour mesurer la profondeur de leur pensée et pour la comprendre pleinement, il faut être philosophe et savant, néanmoins il n'est pas d'homme cultivé qui ne soit en état de lire leurs principales œuvres et d'en tirer quelque profit. Quand ils ont eu besoin de moyens d'expression nouveaux, ils ne les ont pas cherchés, comme on l'a fait ailleurs, dans la création d'un vocabulaire spécial (opération qui aboutit souvent à enfermer, dans des termes artificiellement composés, des idées incomplètement digérées), mais plutôt dans un assemblage ingénieux des mots usuels, qui donne à ces mots de nouvelles nuances de sens et leur permet de traduire des idées plus subtiles ou plus profondes. Ainsi s'explique qu'un Descartes, un Pascal, un Rousseau, — pour ne citer que ceux-là, — aient beaucoup accru la force et la flexibilité de la langue française, soit que l'objet de leur analyse fût plus proprement la pensée (Descartes), soit que ce fût aussi le sentiment (Pascal, Rousseau). Il faut, en effet, avoir poussé jusqu'au bout la décomposition de ce qu'on a dans l'esprit pour arriver à s'exprimer en termes simples. Mais, à des degrés différents, tous les philosophes français ont eu ce don d'analyse. Le besoin de résoudre les idées et même les sentiments en éléments clairs et distincts, qui trouvent leurs moyens d'expression dans la langue commune, est caractéristique de la philosophie française depuis ses origines.

Si maintenant on passe de la forme au fond, voici ce qu'on remarquera d'abord.

La philosophie française a toujours été étroitement liée à la science positive. Ailleurs, en Allemagne par exemple, tel philosophe a pu être savant, tel savant a pu être philosophe ; mais la rencontre des deux aptitudes ou des deux habitudes a été un fait exceptionnel et, pour ainsi dire, accidentel. Si Leibniz fut à la fois un grand philosophe et un grand mathématicien, nous voyons que le principal développement de la philosophie allemande, celui qui remplit la première moitié du XIXe siècle, s'est effectué en dehors de la science positive. Il est de l'essence de la philosophie française, au contraire, de s'appuyer sur la science. Chez Descartes, l'union est si intime entre la philosophie et les mathématiques qu'il est difficile de dire si sa géométrie lui fut suggérée par sa métaphysique ou si sa métaphysique est une extension de sa géométrie. Pascal fut un profond mathématicien, un physicien original, avant d'être un philosophe. La philosophie française du XVIIIe siècle se recruta principalement parmi les géomètres, les naturalistes et les médecins (d'Alembert, La Mettrie, Bonnet, Cabanis, etc.). Au XIXe siècle, quelques-uns des plus grands penseurs français, Auguste Comte, Cournot, Renouvier, etc., vinrent à la philosophie à travers les mathématiques ; l'un d'eux, Henri Poincaré, fut un mathématicien de génie. Claude Bernard, qui nous a donné la philosophie de la méthode expérimentale, fut un des créateurs de la science physiologique. Ceux mêmes des philosophes français qui se sont voués pendant le dernier siècle à l'observation intérieure ont éprouvé le besoin de chercher en dehors d'eux, dans la physiologie, dans la pathologie mentale, etc., quelque chose qui les assurât qu'ils ne se livraient pas à un simple jeu d'idées, à une manipulation de concepts abstraits : la tendance est déjà visible chez le grand initiateur de la méthode d'introspection profonde, Maine de Biran. En un mot, l'union étroite de la philosophie et de la science est un fait si constant, en France qu'il pourrait suffire à caractériser et à définir la philosophie française.

Un trait moins particulier, mais bien frappant encore, est le goût des philosophes français pour la psychologie, leur penchant à l'observation intérieure. Assurément ce trait ne pourrait plus suffire, comme le précédent, à définir la tradition française, car l'aptitude à se sonder soi-même, et à pénétrer sympathiquement dans l'âme d'autrui, est sans doute aussi répandue en Angleterre et en Amérique, par exemple, qu'elle l'est en France. Mais, tandis que les grands penseurs allemands (même Leibniz, même Kant) n'ont guère eu, en tout cas, n'ont guère manifesté, de sens psychologique, tandis que Schopenhauer (tout imprégné, d'ailleurs, de la philosophie française du XVIIIe siècle) est peut-être le seul métaphysicien allemand qui ait été psychologue, au contraire il n'y a pas de grand philosophe français qui ne se soit révélé, à l'occasion, subtil et pénétrant observateur de l'âme humaine. Inutile de rappeler les fines études psychologiques qu'on trouve chez Descartes et chez Malebranche, intimement mêlées à leurs spéculations métaphysiques. La vision d'un Pascal était aussi aiguë quand elle s'exerçait dans les régions mal éclairées de l'âme que lorsqu'elle portait sur les choses physiques, géométriques, philosophiques. Condillac fut un psychologue autant qu'un logicien. Que dire alors de ceux qui ont ouvert à l'analyse psychologique des voies nouvelles, comme Rousseau ou Maine de Biran ? Pendant tout le XVIIe et le XVIIIe siècles, la pensée française, s'exerçant sur la vie intérieure, a préparé la psychologie purement scientifique qui devait être l'œuvre du XIXe siècle. Nul, d'ailleurs, n'a plus contribué à fonder cette psychologie scientifique qu'un Moreau de Tours, un Charcot ou un Ribot. Remarquons que la méthode de ces psychologues, — celle qui a valu à la psychologie, en somme, ses plus importantes découvertes, — n'est qu'une extension de la méthode d'observation intérieure. C'est toujours à la conscience qu'elle fait appel ; seulement, elle note les indications de la conscience chez le malade, au lieu de s'en tenir à l'homme bien portant.

Tels sont les deux principaux traits de la philosophie française.

En se composant ensemble, ils donnent à cette philosophie sa physionomie propre. C'est une philosophie qui serre de près les contours de la réalité extérieure, telle que le physicien se la représente, et de très près aussi ceux de la réalité intérieure, telle qu'elle apparaît au psychologue. Par là même, elle répugne le plus souvent à prendre la forme d'un système. Elle rejette aussi bien le dogmatisme à outrance que le criticisme radical ; sa méthode est aussi éloignée de celle d'un Hegel que de celle d'un Kant. Ce n'est pas à dire qu'elle ne soit pas capable d'édifier, quand il lui plaît, quelque grande construction. Mais les philosophes français semblent avoir eu généralement cette arrière-pensée que systématiser est facile, qu'il est trop aisé d'aller jusqu'au bout d'une idée, que la difficulté est plutôt d'arrêter la déduction où il faut, de l'infléchir comme il faut, grâce à l'approfondissement des sciences particulières et au contact sans cesse maintenu avec la réalité. Pascal a dit que l' « esprit géométrique » ne suffisait pas : le philosophe doit y joindre l' « esprit de finesse ». Et Descartes, ce grand métaphysicien, déclarait avoir consacré peu d'heures à la métaphysique, entendant par là, sans doute, que le travail de pure déduction ou de pure construction métaphysique s'effectue de lui-même, pour peu qu'on y ait l'esprit prédisposé. — Allèguera-t-on qu'en se faisant moins systématique la philosophie s'écarte de son but, et que son rôle est précisément d'unifier le réel ? — Mais la philosophie française n'a jamais renoncé à cette unification. Seulement, elle ne se fie pas au procédé qui consiste à prendre telle ou telle idée et à y faire entrer, de gré ou de force, la totalité des choses. À cette idée on pourra toujours en opposer une autre, avec laquelle on construira, selon la même méthode, un système différent ; les deux systèmes seront d'ailleurs également soutenables, également invérifiables ; de sorte que la philosophie deviendra un simple jeu, un tournoi entre dialecticiens. Remarquons qu'une idée est un élément de notre intelligence, et que notre intelligence elle-même est un élément de la réalité : comment donc une idée, qui n'est qu'une partie d'une partie, embrasserait-elle le Tout ? L'unification des choses ne pourra s'effectuer que par une opération beaucoup plus difficile, plus longue, plus délicate : la pensée humaine, au lieu de rétrécir la réalité à la dimension d'une de ses idées, devra se dilater elle-même au point de coïncider avec une portion de plus en plus vaste de la réalité. Mais il faudra, pour cela, le travail accumulé de bien des siècles. En attendant, le rôle de chaque philosophe est de prendre, sur l'ensemble des choses, une vue qui pourra être définitive sur certains points, mais qui sera nécessairement provisoire sur d'autres. On aura bien là, si l'on veut, une espèce de système ; mais le principe même du système sera flexible, indéfiniment extensible, au lieu d'être un principe arrêté, comme ceux qui ont donné jusqu'ici les constructions métaphysiques proprement dites. Telle est, nous semble-t-il, l'idée implicite de la philosophie française. C'est une idée qui n'est devenue tout à fait consciente à elle-même, ou qui n'a pris la peine de se formuler, que dans ces derniers temps. Mais, si elle ne s'était pas dégagée plus tôt, c'est justement parce qu'elle était naturelle à l'esprit français, esprit souple et vivant, qui n'a rien de mécanique ou d'artificiel, esprit éminemment sociable aussi, qui répugne aux constructions individuelles et va d'instinct à ce qui est humain.

Par là, par les deux ou trois tendances que nous venons d'indiquer, s'explique peut-être ce qu'il y a eu de constamment génial et de constamment créateur dans la philosophie française. Comme elle s'est toujours astreinte à parler le langage de tout le monde, elle n'a pas été le privilège d'une espèce de caste philosophique ; elle est restée soumise au contrôle de tous ; elle n'a jamais rompu avec le sens commun. Pratiquée par des hommes qui furent des psychologues, des biologistes, des physiciens, des mathématiciens, elle s'est continuellement maintenue en contact avec la science aussi bien qu'avec la vie. Ce contact permanent avec la vie, avec la science, avec le sens commun, l'a sans cesse fécondée en même temps qu'il l'empêchait de s'amuser avec elle-même, de recomposer artificiellement les choses avec des abstractions. Mais, si la philosophie française a pu se revivifier indéfiniment ainsi en utilisant toutes les manifestations de l'esprit français, n'est-ce pas parce que ces manifestations tendaient elles-mêmes à prendre la forme philosophique ? Bien rares, en France, sont les savants, les écrivains, les artistes et même les artisans qui s'absorbent dans la matérialité de ce qu'ils font, qui ne cherchent pas à extraire — fût-ce avec maladresse, fût-ce avec quelque naïveté — la philosophie de leur science, de leur art ou de leur métier. Le besoin de philosopher est universel : il tend à porter toute discussion, même d'affaires, sur le terrain des idées et des principes. Il traduit probablement l'aspiration la plus profonde de l'âme française, qui va tout droit à ce qui est général et, par là, à ce qui est généreux. En ce sens, l'esprit français ne fait qu'un avec l'esprit philosophique.

Deuxième Partie

Le Système du monde selon Descartes et selon la science contemporaine[3]

Ce n'est point un vain orgueil national, c'est une légitime ambition qui fait que chaque peuple, par ses savants et ses philosophes, prétend avoir contribué pour la meilleure part au mouvement d'idées qui emporte le monde. — « Votre nation, disait Hegel à Victor Cousin, a fait assez pour la philosophie en lui donnant Descartes. » — Et il écrivait dans son histoire de la philosophie ; — « Descartes est le vrai fondateur de la philosophie moderne, en tant qu'elle prend la pensée pour principe. L'action de cet homme sur son siècle et sur les temps nouveaux ne sera jamais exagérée. C'est un héros ; il a repris les choses par les commencements. » — Faut-il encore citer le témoignage des étrangers, moins suspect peut-être que celui des compatriotes de Descartes ? Selon un des premiers savants de l'Angleterre, Huxley, il y a deux sortes de grands hommes : les uns sont des miroirs vivants de leur époque,

---

[3] Par Alfred Fouillée

et, comme on l'a dit de Voltaire, expriment mieux que personne les pensées de tout le monde ; d'autres, bien plus grands, expriment les pensées qui, deux ou trois siècles plus tard, seront les pensées de tous : « C'est un de ceux-ci que fut Descartes. Considérez n'importe laquelle parmi les plus capitales productions des temps modernes, soit dans la science, soit dans la philosophie, vous trouverez que le fond de l'idée, sinon la forme même, fut présent à l'esprit du philosophe. »

Si c'est pour un peuple une condition de vitalité que d'avoir le culte de ses gloires et de retremper sans cesse son génie dans les œuvres de ses grands hommes, la France ne saurait trop souvent reporter ses souvenirs vers celui qui, dans le domaine de la pensée, lut peut-être le plus grand de tous les Français. Supposez que Descartes fût né en Allemagne ; on célébrerait son centenaire par des fêtes triomphales, comme on y célèbre Leibniz et Kant. Les commentaires de son œuvre, sans cesse renaissants, y formeraient, comme ceux de l'œuvre kantienne, une véritable bibliothèque. En un mot, il continuerait d'être un des perpétuels éducateurs et initiateurs de l'esprit national. En France, malgré de beaux ouvrages récemment consacrés à Descartes, nous sommes plus sobres et d'honneurs et de commentaires. Faut-il donc réserver les longs travaux seulement pour la Révolution de 1789 et pour Napoléon, sans se souvenir que Descartes, lui aussi, a fait une révolution, avant-courrière de l'autre, et livré ce qu'il appelait les « grandes batailles ? » Quoiqu'il semble, au premier abord, que tout ait été dit sur la philosophie cartésienne et sur ses destinées, nous croyons qu'il est toujours utile de ramener l'attention des philosophes et des savants vers ceux qui ont montré le but à atteindre et donné l'exemple des grands élans. Le progrès même des connaissances, à notre époque, nous expose à nous perdre dans les détails de l'analyse et dans des études spéciales qui rétrécissent nos perspectives. La fréquentation des génies nous ramènerait sur les sommets, devant les espaces infinis, d'où l'on entrevoit les premières lueurs des vérités avant même qu'elles soient levées sur l'horizon.

I

Ceux qui nient la révolution cartésienne ne la comprennent point. Ils la font consister, soit à renverser le principe d'autorité, qui était déjà ruiné ; soit à admettre pour signe du vrai l'évidence, ce qui, en ces termes vagues, peut sembler une banalité ; soit à prendre pour point de départ l'observation par la conscience et pour méthode la réflexion psychologique, ce qui est interpréter Descartes avec les préjugés de Victor Cousin. Il importe donc de marquer en quoi Descartes a renouvelé et l'idée de la science et l'idée de la méthode, car ce n'est rien moins que ce renouvellement qui caractérise la révolution cartésienne. A l'époque de Descartes, il ne manquait pas de philosophes pour intituler leurs ouvrages : *la Science nouvelle* ou *le Nouvel organum* ; mais ces titres ne conviennent proprement qu'à l'œuvre même de Descartes. Pour la comprendre, il faut donc caractériser ce qu'étaient avant lui et la science et la méthode. Les leçons de Descartes, croyons-nous, seront encore bonnes à entendre pour les savants et les philosophes de notre époque : qui peut jamais se flatter, même de nos jours, d'avoir entièrement dépouillé les préjugés scolastiques ?

La logique d'Aristote, comme celle de Platon et de l'antiquité tout entière, c'était la logique de la « qualité » et de « l'essence » plutôt que de la quantité et des phénomènes. Les choses étaient conçues comme un système de qualités : l'homme, par exemple, comprend les qualités générales de l'animalité, plus une « qualité spécifique, » qui est la raison ; et celle-ci est son essence. Après avoir déterminé les qualités, on les réunissait en genres et espèces, on les classait : la classification semblait être le plus haut degré de la science, le résumé de l'univers. De là les *Idées* de Platon, cette grande classification des choses dans l'éternité, à laquelle croient encore aujourd'hui ceux qui admettent l'immutabilité des espèces ; de là les *genres* d'Aristote, les définitions par le « genre et la différence, » le syllogisme descendant du général au particulier. C'est donc, en somme, par les essences qu'on expliquait les choses : tout le mouvement de la science consistait soit à remonter de genre en genre, soit à descendre l'échelle des « différences spécifiques. » Aristote, il est vrai, attachait aux faits une légitime importance ; il n'en est pas moins certain que ce qu'il poursuivait dans sa philosophie, c'était l'ordre hiérarchique des formes, ainsi que des causes finales : toute la science se déroulait pour lui dans le domaine infiniment varié de la qualité. Au moyen âge, ce qu'il pouvait y avoir de profond dans cette antique vision des choses fit place aux rêveries sur les « qualités occultes, » sur les « formes substantielles, » sur les finalités de la nature et les intentions du Créateur. Même quand on s'occupait des nombres et des figures, c'était moins pour découvrir leurs rapports mathématiques que pour s'enchanter, comme Pythagore et Platon, de leurs harmonies esthétiques, de leur ordre, de leur finalité cachée. Kepler était animé de cet esprit quand il pythagorisait et apercevait dans les orbites des astres (auxquels il donnait des âmes) non la nécessité mathématique, mais la poursuite divine des lignes les plus belles et les plus harmonieuses. Kepler admettait aussi les forces occultes, et s'il devinait que la lune produit les marées, il lui attribuait aussitôt la vertu étrange « d'astre humide. » C'étaient toujours les composés et leurs « qualités, » non les éléments et leurs rapports « quantitatifs » que poursuivait la science de l'antiquité et du moyen âge. Si donc il est vrai de dire, avec Kant, que l'explication finaliste est celle qui cherche la raison des parties dans le tout qu'elles forment, comme la raison d'un organe dans l'organisme entier, au lieu d'expliquer le tout par les parties et l'organisme par les organes élémentaires, nous pouvons conclure que la science de l'antiquité et du moyen âge, en son ensemble, fut une vaste spéculation sur les causes finales, par conséquent une esthétique, une morale et, en dernière analyse, une théologie ; car le principe suprême de l'ordre, du beau, du bien, de la finalité sous toutes ces formes, c'était Dieu. On croyait que, déroulant le plan divin, la nature même procédait des idées aux choses, par conséquent du général au singulier, et descendait, pour ainsi dire, du but universel préalablement imposé par Dieu à la série des moyens particuliers capables de l'atteindre.

A la Renaissance, deux grands courants se produisirent, de plus en plus irrésistibles, qui allaient aboutir à la révolution cartésienne : on peut appeler l'un le courant expérimental, l'autre le courant mathématique. Les grands initiateurs de la Renaissance renouvellent partiellement et la méthode et les diverses sciences. Léonard de Vinci, non moins savant qu'artiste, excite à l'observation de la nature, dont l'expérience, dit-il, est la « seule interprète ; » il faut donc consulter toujours l'expérience, et la varier de mille façons. D'autres observateurs étudient les êtres vivants, — Rondelet, Vésale, Servet, Aselli, Harvey, — non sans mêler bien des chimères à leurs observations. En somme, les physiciens et les naturalistes avaient beau induire et expérimenter, la théorie même de l'induction et de l'expérimentation était toujours représentée comme une recherche des essences, des *qualités* propres aux choses, des *formes* sous lesquelles elles se révèlent à nous, enfin des *puissances* et des *forces* qu'elles enveloppent. D'autre part, les mathématiciens ne songeaient guère à universaliser leur science : ce qu'ils cherchaient dans les nombres et les figures, c'était toujours la qualité plus encore que la quantité et les rapports abstraits. La géométrie et l'arithmétique demeuraient des spécialités et même, en grande partie, selon le mot de Descartes, des « curiosités. » On s'amusait à résoudre des problèmes et à s'envoyer des cartels mathématiques d'un bout de l'Europe à l'autre, pour se disputer l'honneur d'avoir deviné quelque énigme. C'étaient de vastes parties de jeu intellectuel. Les mathématiciens, d'ailleurs, le disputaient parfois aux physiciens en fantaisies de l'imagination. Pourtant, avec Tartaglia, Cardan, Ferrari, Viète, Neper,

Snellius, les sciences mathématiques faisaient des progrès de plus en plus rapides. Galilée a la gloire d'avoir appliqué le premier les mathématiques à la physique selon l'esprit de la science moderne. Il avait la passion de la *mesure* appliquée à toutes choses : la règle et le compas, voilà ses instruments de prédilection et comme les « attributs » de son génie. Même quand il ne pouvait résoudre directement un problème de géométrie, il s'adressait encore à la mesure pour tourner la difficulté. Demandait-on aux géomètres d'évaluer le rapport de l'aire de la cycloïde ordinaire à celle du cercle générateur, le nouvel Archimède de Florence pesait deux lames de même matière et de même épaisseur, dont l'une avait la forme d'un cercle, l'autre la forme de la cycloïde engendrée ; puis, trouvant le poids de la seconde constamment triple du poids de la première, il concluait : l'aire de la cycloïde est triple de l'aire du cercle générateur. C'était l'induction et l'expérimentation remplaçant la déduction *a priori*. Mais Galilée, tout en donnant tant d'exemples admirables de la méthode *positive*, ne s'élevait pas à une vue de la nature, de la science et de la méthode même, qui fût en complète opposition avec le passé. Il ne se demandait point si on ne pourrait pas substituer partout, dans le monde physique, des quantités aux qualités, aux forces et causes efficientes, enfin aux causes finales. Il admettait que les plus petites parties des corps sont pleines, mais séparées par des vides ; que la matière renferme des « forces motrices » ou a causes efficientes, » qui ont pour « effet naturel » de transporter certaines masses à certaines distances en des temps donnés ; il admettait jusqu'à la « force du vide ; » il déclarait les « causes finales » évidentes dans la nature : c'était même au nom des causes finales qu'il rejetait l'hypothèse de Ptolémée, comme plus compliquée et moins harmonieuse que celle de Copernic. — « Galilée, dit Descartes, examine les matières de physique par des raisons mathématiques, et en cela je m'accorde avec lui, car je tiens qu'il n'y a pas d'autre moyen pour trouver la vérité. » — Mais, ajoute Descartes, avec une sévérité hautaine : — « Galilée ne fait que des digressions et n'explique suffisamment aucune matière, ce qui montre qu'il ne les a point examinées *par ordre*, et que, sans avoir considéré les *premières causes de la nature*, il a seulement cherché les raisons de quelques *effets* particuliers, et ainsi qu'il a bâti sans *fondements*. » — Quelque injuste que soit cette appréciation trop sommaire, elle nous montre bien qu'aux yeux de Descartes, la vérité scientifique n'acquiert sa vraie et définitive valeur qu'en devenant partie intégrante d'un système qui enferme, d'une part, les lois générales du monde, et de l'autre, celles de l'intelligence humaine.

Combien Bacon, trop célébré, est loin de Galilée ! Il n'invente rien, ni dans la philosophie, ni dans les sciences, dont il s'occupe en dilettante. Il se borne à analyser, avec une minutie plus imaginative que rationnelle, les procédés de l'observation et de l'induction. Sa méthode est insuffisante, même dans les sciences expérimentales, parce qu'elle n'accorde point leur place légitime ni à l'hypothèse, ni à la déduction, ni au calcul. Bacon se défie des mathématiques, qui doivent être, dit-il, les servantes et non les maîtresses de la physique. Il combat aveuglément le système de Copernic pour y substituer un système de sa façon, enfantin et burlesque. On lui a justement reproché d'admettre une masse de superstitions, de prêter aux corps une espèce « d'imagination, » de faire « reconnaître à l'aimant la proximité du fer ; » de supposer la « sympathie » ou « l'antipathie » des « esprits » comme cause des phénomènes naturels ; de croire à la suppression des verrues par la sympathie, d'admettre le « mauvais œil ; » de mêler la « chaleur astrologique » d'un métal, ou d'une constellation, à la chaleur telle que l'entend la physique. Bacon, quand il est plus pénétré du véritable esprit de la science, ne cesse pas de se perdre dans des classifications incertaines qui se prêtent à toutes les imaginations ; il nous décrit les « cas migrants, » les « cas solitaires, » les « cas clandestins, » etc. Il surcharge sa théorie de la démonstration d'idées superflues. Enfin, il met trop souvent des métaphores à la place de démonstrations.

En somme, on a justement appliqué au XVIe siècle tout entier ce que Campanella, jouant sur le sens de son propre nom, disait de lui-même : « Je suis la cloche qui annonce le lever du jour. » Le jour n'est levé que quand ont disparu toutes les ombres, tous les fantômes créés par la nuit, quand les réalités apparaissent avec leurs vrais contours, à leur vraie place, dans la pleine lumière qui les fait saillir. Ce complet lever de la science moderne, avec la disparition simultanée de toutes les chimères et de tous les rêves scolastiques, il ne commence pas seulement, il s'achève, en une seule fois avec Descartes. Le système cartésien du monde, s'il renferme des erreurs, ne laisse pas place à une seule des entités, formes et vertus occultes qui peuplaient avant lui la philosophie et la science. Nous allons même voir que, sous ce rapport, Descartes est en avance sur beaucoup de doctrines contemporaines, si bien qu'il n'y a pas, dans toute l'histoire, pareil exemple d'un changement à vue aussi complet.

II

D'abord, Descartes n'attribue plus aux genres et aux espèces une valeur indépendante de notre esprit ; il n'y voit plus aucune révélation du plan divin. La classification n'est plus pour lui l'opération fondamentale de la science : ranger tous les êtres dans leurs groupes respectifs, les hommes dans le groupe de l'humanité, les animaux dans le groupe de l'animalité, ce n'est point avoir pénétré dans la réalité même. Le premier stage de la science, c'est sans doute de définir et de classer les qualités apparentes des choses, comme la couleur, le son, la pesanteur, etc. Mais, selon Descartes, à quoi tiennent toutes ces qualités ? A nous, non aux choses ; elles ne sont donc pas le véritable objet de la science. Les *formes* mêmes des choses, comme la forme d'une plante, d'un animal, ne sont que des résultats dérivés, des combinaisons de qualités visibles ou tangibles qui, provenant de nos sensations, ne représentent point la véritable nature des objets. Seules les formes géométriques répondent à quelque chose d'indépendant de nous, mais ces formes sont encore des dérivés du mouvement dans l'étendue. C'est donc, en somme, le mouvement dans l'étendue qui est l'objet véritable de la science. Les genres et les espèces ne sont que des produits extérieurs ; ce qu'il y a de général dans les choses n'existe, au fond, que dans notre pensée. Le nombre même, dit Descartes dans ses *Principes*, « si nous le considérons en général sans faire réflexion sur aucune chose créée, *n'est point hors de notre pensée*, non plus que toutes ces autres idées générales que, dans l'école, on comprend sous l'idée d'universel. » Si une pierre tombe vers le centre de la terre, ce n'est pas parce qu'elle appartient au genre des corps pesants, c'est parce que le tourbillon de l'éther, animé d'une énorme vitesse centrifuge, ne peut pas ne pas repousser la pierre vers le centre. Si un homme meurt, ce n'est pas parce qu'il fait partie des animaux mortels, mais parce que « le feu sans lumière » qui entretient le mouvement de sa machine corporelle ne peut pas ne pas être affaibli et éteint par des mouvements adverses. Expliquer, dans les sciences de la nature, c'est trouver la combinaison nécessaire de mouvements qui aboutit à tel mouvement actuel.

La philosophie antique et scolastique se perdait dans la considération des « choses » et de leurs « accidents. » Mais qu'est-ce qu'une chose ? Il n'y a, dans la nature extérieure, aucune M chose » qui soit vraiment séparée du reste, rien qui possède une unité propre et inhérente : chaque ensemble de mouvements que nous appelons une pierre, un arbre, ou même un animal, et que nous individualisons, n'est, au point de vue physique, qu'une partie inséparable d'un ensemble de mouvements plus vaste, qui l'englobe ; et cet ensemble, à son tour, renferme d'autres mouvements et d'autres encore, à l'infini, puisque l'étendue est indéfiniment divisible et même indéfiniment divisée par le mouvement qui anime chacune de ses parties. C'est un tourbillon de tourbillons où le regard se perd, comme à compter, dans un gouffre d'eau tournante, les gouttes d'eau qui passent, reviennent, passent. Une chose, dans la nature, n'est donc qu'une portion de la quantité universelle, qui est l'étendue. Et maintenant, qu'est-ce qu'un a accident » inhérent à la chose ? L'odeur, la saveur, sont en nous, non dans le corps odorant ou sapide. Quant au mouvement, il n'est pas un « accident » de la *masse* car la masse elle-même n'est rien, sinon l'expression d'une certaine quantité de mouvement ; et, d'autre part, dira-t-on qu'un mouvement soit « l'accident » d'un autre mouvement, auquel il serait « inhérent ? »

Imaginations. Il n'y a donc point « d'accidents ; » il n'y a qu'une étendue essentiellement mobile et où le mouvement, par des lois nécessaires, détermine des figures de toutes sortes. Ces figures mêmes, encore une fois, sont des résultats, non des principes. Un mouvement est rectiligne ou curviligne en vertu des liaisons de ses parties : il n'est pas dépendant de la ligne droite ou de la ligne courbe, qui ne lui importent guère. C'est nous qui trouvons, après coup, que tel mouvement a décrit une ligne droite ou une courbe, et nous nous extasions devant des harmonies qui n'existent que pour nous et par nous. Les noms et les qualités que nous donnons aux choses, nos substantifs et nos adjectifs, tout cela n'est que de la langue humaine : la nature ne connaît que l'alphabet mathématique.

Comme les genres et les espèces, l'ordre, la symétrie, la beauté, n'existent pas dans les choses, mais en nous. Sans doute Descartes admet un ordre universel, mais purement logique et mathématique ; une symétrie, mais résultant des lois du nombre et de l'étendue, non antérieure et supérieure à ces lois ; il admet une beauté, mais identique à la vérité même et parfaitement indépendante de ce qui peut plaire ou déplaire à nos sens. La beauté d'un paysage, en tant qu'elle résulte de couleurs, de sons, d'apparences sensibles qui nous charment, est nécessairement en nous, puisque tout ce qui la compose n'est qu'en nous. Le fond réel de la beauté est mathématique : les sons qui nous ravissent sont ceux qui ont entre eux « des rapports simples ; » le plaisir n'est qu'une idée « confuse » où nous percevons vaguement une géométrie cachée.

Restent ces fameuses causes efficientes et ces causes finales qui, sous diverses formes, faisaient l'objet de la spéculation antique et scolastique. Ici, Descartes est impitoyable. Il bannit d'abord du monde extérieur toutes les forces, même les forces motrices, qui ne sont pour lui que des mouvements *actuels*. La force, c'est le mouvement intestin et invisible d'où le mouvement visible de masse peut sortir, sous certaines conditions mathématiques. Descartes ne se contente pas de bannir du monde physique la « force ; » c'est encore la « cause » même qu'il remplace par des rapports mathématiques. Faisons-y attention, le principe de causalité a deux sens possibles : ou il désigne la cause efficiente, c'est-à-dire une puissance active, une « efficace, » d'où l'effet sortirait comme par génération, ainsi que l'enfant du ventre de sa mère. C'est là ce que chacun croit apercevoir en soi-même quand il fait effort pour atteindre un but. Mais y a-t-il, aux yeux de la science, rien de semblable dans le monde *extérieur* ? Non, répond Descartes, et il rejette de la nature visible tout ce qui ressemble, de près ou de loin, à une volonté, à une activité. Sur ce point encore, il inaugure la science moderne de la nature, qui ignore entièrement ou devrait ignorer les causes efficientes, leur vrai domaine étant le monde psychique. Agir et pâtir ne sont, répète Descartes, que « différentes façons de considérer une même chose. » Ce qui est actif sous un rapport est passif sous un autre : la flamme qui brûle le bois est active par rapport aux mouvements dont ses propres mouvements sont les principes ; elle est passive par rapport aux mouvements dont ses propres mouvements sont les conséquences. D'une activité vraie, qui serait inhérente aux choses étendues comme telles, vous n'avez qu'une idée « confuse » et « obscure, » ce qui prouve bien qu'alors vous ne concevez point « vraiment des choses *hors de vous*, » mais simplement votre image dans les choses. La seule idée claire, ici, c'est celle de principe et de conséquence, et (puisqu'il s'agit de mouvements) de principe mathématique et de conséquence mathématique. L'activité, dans le monde des sciences de la nature, n'est donc qu'une métaphore humaine pour exprimer des relations toutes logiques, des rapports de dépendance mathématique entre les termes d'une équation.

Reste le second sens du principe de causalité, qui ne désigne plus alors qu'un rapport de succession constante entre des phénomènes. C'est le sens empirique, sur lequel Bacon et plus tard Stuart Mill ont tant insisté. Je frotte deux morceaux de bois l'un contre l'autre, et ils s'échauffent ; Bacon dit : le frottement et la chaleur sont dans un rapport de succession constante, et il croit avoir ainsi trouvé une *loi* de la nature. Descartes, dédaigneux, ne voit là qu'un fait brut généralisé, et il demande : *Pourquoi* ? Nous apprendre que la chose se passe toujours ainsi, c'est nous poser le problème à résoudre, ce n'est pas nous donner la solution. On ressemble alors aux hommes primitifs qui, mesurant les angles d'un premier triangle, puis d'un second, puis d'un troisième, trouvaient sensiblement la même somme et se contentaient de dire, en généralisant : la somme des angles est la même dans les divers triangles. Mais *pourquoi* ? .. Une loi de succession constante, ou de simultanéité constante, n'est pas une raison. Quand Galilée avait trouvé par la mesure son rapport d'aires, il ne pouvait pas en démontrer la nécessité. La causalité ainsi entendue n'est qu'une approximation pratique des vraies raisons explicatives. Aussi Descartes ne s'en contente-t-il pas : entre le frottement et la chaleur consécutive, il cherche un rapport de continuité mathématique et mécanique, réductible logiquement, tout comme les rapports d'aires, à une déduction ayant pour loi l'axiome d'identité. La chaleur n'est qu'un mouvement, comme le frottement du bois ; c'est donc le même mouvement qui se *continue* sous des formes diverses, d'abord comme va-et-vient des morceaux de bois, puis comme ébranlement de leurs particules subtiles. L' « effet » se réduit à la solution d'un théorème de mécanique dans la réalité ; la « cause » se réduit aux données réelles de l'équation. La causalité empirique ou succession constante n'est donc que le masque de la nécessité rationnelle et de l'identité ; l'induction n'est qu'une déduction retournée et incomplète : elle est utile, elle est nécessaire, mais elle n'est pas le terme de la science.

Quant aux causes finales, Descartes les chasse pour jamais du temple, dans la physique et l'histoire naturelle. Entendez-le se moquer de ceux qui « croient assister au conseil de Dieu. » C'est, dit-il, une chose « puérile et absurde » de s'imaginer que Dieu, « à la façon d'un homme superbe, n'aurait point eu d'autre fin, en bâtissant le monde, que celle d'être loué par les hommes. Il n'aurait créé le soleil, qui est plusieurs fois plus grand que la terre, à autre fin que d'éclairer l'homme, qui n'en occupe qu'une petite partie ! » — « Que de choses, ajoute-t-il, sont maintenant dans le monde, ou y ont été autrefois et ont cessé d'être, sans qu'aucun homme les ait jamais vues ou connues, et sans qu'elles aient jamais été d'aucun usage pour l'humanité ! » Même en physiologie, Descartes rejette les causes finales au profit des raisons mécaniques. « L'usage admirable de chaque partie dans les plantes et dans les animaux » ne nous permet pas, dit-il, « de deviner pour quelle fin » chaque partie existe. En un mot, dans les sciences de la nature, « où toutes choses doivent être appuyées de solides raisons, » la recherche des fins est « inepte. »

Bacon avait énuméré les erreurs et « idoles ; » mais le grand iconoclaste qui les a brisées, c'est Descartes. Sa méthode se ramène à chercher en tout, par l'analyse, l'élément irréductible et « simple, » qui, « clair » en lui-même et « distinct » du reste, entraîne « l'évidence ; » après quoi, il faut recomposer la réalité par synthèse, « en supposant de l'ordre là même où nous n'en apercevons pas. » Descartes ne rejette nullement l'expérience, qui va, dit-il, « au-devant des causes par les effets. » Il était lui-même un observateur et expérimentateur de génie. Il pratiqua, le premier peut-être, la vivisection. Ses expériences sur l'arc-en-ciel sont un modèle. Tout l'avenir de la physique dépend, selon lui, « d'expériences qui doivent être faites avec soin et dépense par des hommes fort intelligents. » Sa fierté se refuserait à accepter l'argent nécessaire aux expérimentations, sinon de la part de l'État, qui, par malheur, ne s'en occupe guère. Il compare les philosophes qui négligent l'expérience à des hommes qui croient que la vérité sortira tout armée de leur cerveau, « comme Minerve du front de Jupiter. » L'expérience est doublement nécessaire, selon lui : pour nous fournir les « problèmes » mêmes à résoudre, pour « vérifier » nos déductions et solutions. Le monde, dit-il avec profondeur, est comme une écriture secrète, un « chiffre » qu'il s'agit de lire et d'interpréter. On attribue, par hypothèse, un sens à chaque lettre, et, si on obtient ainsi « des paroles qui aient du sens, » on ne doutera point que ce ne soit le vrai sens du chiffre. Le contraire, quoique possible, n'est pas « moralement croyable. » De même, si l'alphabet mathématique nous fournit une règle pour interpréter a les propriétés de l'aimant, du fer et des autres choses qui sont au monde, » nous aurons acquis pour notre science une « certitude morale. » Or, c'est à l'expérience d'établir cette certitude morale en confirmant nos hypothèses. Mais il y a une seconde sorte de certitude supérieure à la certitude morale : c'est « lorsque nous pensons qu'il n'est aucunement possible que la chose soit autrement. » Et il y a dans la nature des lois qui offrent cette certitude : ce sont les lois générales du mouvement : il faut donc s'efforcer d'y tout réduire.

Descartes se formait, on le voit, une idée très exacte des conditions de la science ; beaucoup de nos contemporains s'en font une bien moins parfaite. Son tort est d'avoir préféré trop exclusivement l'ordre déductif à l'ordre inductif. Il va, comme on l'a dit, du centre à la circonférence, du principe aux faits, au lieu d'aller de la circonference au centre, des faits au principe. D'un seul coup, il se place à la source de toutes choses et prétend en voir sortir, pour le suivre en ses détours, le torrent sans fin des phénomènes.

III

Il y a quelque chose de plus grand que d'ajouter à la somme des connaissances humaines, c'est d'ajouter à la puissance même de l'esprit humain. C'est ce qu'a fait Descartes par la création de sa « mathématique universelle. » Biot lui-même, qui reproche à Descartes d'avoir trop fait de métaphysique, reconnaît, en parlant de l'application de l'algèbre à la géométrie, que « Descartes fut servi beaucoup en cette occasion par la métaphysique de son esprit. » Et Descartes avait alors vingt-trois ans ! C'est un moment solennel, et dans la vie de Descartes et dans l'histoire de la science, que cet hiver de Neubourg où le jeune homme, renfermé dans son « poêle, » découvrait, avec l'application de l'algèbre à la géométrie, les règles de la mathématique universelle. Son imagination était surexcitée ; il vivait dans un monde de figures et de mouvements qui lui apparaissaient se combinant à l'infini, selon des lois de composition régulière : c'était le monde des possibles, lié par un lien secret au monde des réalités. Comment trouver ce lien ? Une clarté se fit dans son esprit : il se représenta les vérités

géométriques, d'une part, et les vérités
arithmétiques ou algébriques, de l'autre, comme
ne faisant qu'un dans une science générale de
l'ordre et des proportions, qui serait « la
mathématique universelle ; » puis, dans cette
mathématique, il crut découvrir le secret de la
nature entière. C'est ce que nous apprend la
lecture du *Discours de la Méthode* ; c'est ce que
confirme son épitaphe, écrite par un de ses amis
les plus intimes, Chanut : « Dans les loisirs de
l'hiver, comparant les mystères de la nature
avec les lois de la mathématique, il osa espérer
qu'une même clé pourrait ouvrir les secrets de
l'une et de l'autre. » Dans ses *Olympiques*,
Descartes disait que, « le 10 novembre 1619,
rempli d'enthousiasme, il avait trouvé les
fondements d'une science admirable. » C'était
la méthode d'analyse et de synthèse universelle,
avec la réduction de l'algèbre, de la géométrie
et de la mécanique à une seule et même science,
celle de l'ordre et des proportions. Pendant la
nuit suivante, il eut trois songes qu'il interpréta,
avant même d'être éveillé, comme des
révélations de l'esprit de vérité sur la voie qu'il
devait suivre : *Quod vitæ sectabor iter* ? Car il
avait l'imagination ardente, une sorte
d'exaltation intérieure qui allait, dit Voltaire,
jusqu'à la « singularité, » mais que contenait la

raison la plus ferme peut-être qu'ait montrée un philosophe.

Les découvertes de Descartes devaient révolutionner et les sciences mathématiques et les sciences physiques. La notation des exposants a transformé l'algèbre, la théorie des fonctions variables a préparé le calcul des fluxions ou calcul différentiel. La méthode cartésienne des indéterminées, dit Carnot, « est si admirable qu'elle touche à l'analyse infinitésimale, et que l'analyse infinitésimale n'est qu'une heureuse application de la méthode des indéterminées. »

Mais nous ne pouvons ici entrer dans le détail de ces découvertes ; c'est l'application de la méthode au système du monde que nous voulons mettre en évidence : nous voulons faire voir que Descartes est le vrai fondateur de l'évolutionnisme entendu dans son sens légitime. Combien il est supérieur à tous ceux qui, de nos jours, parlent de l'évolution au sens vague, comme d'une loi ou force primordiale ! A vrai dire, l'évolution n'est qu'un résultat de lois plus profondes ; elle ne produit rien, elle est produite ; elle n'explique pas, elle est à expliquer. Depuis les travaux de Spencer, on met sans cesse en avant l'Évolution, comme une sorte de divinité qui présiderait au développement des êtres ; c'est confondre l'effet avec la cause, la conséquence avec le principe. « L'évolution, dit Spencer, est un passage graduel de l'uniformité primitive à la variété, de l'homogène à l'hétérogène, de l'indéfini au défini. » A la bonne heure ; mais ce sont les lois du mécanisme universel qui ont pour résultat final ce passage des choses d'un état de dispersion relativement uniforme, où elles sont pour nous indistinctes et imperceptibles, à un état de concentration et de variété régulière, où elles deviennent pour nous distinctes et perceptibles. L'évolution n'est donc qu'une application de la mathématique universelle, dont les principes doivent, avant tout, être établis. Ils l'ont été par Descartes ; bien plus, ils ont reçu de lui leurs premières et leurs plus importantes applications. Descartes a compris d'abord une vérité que la doctrine de l'évolution et de la sélection naturelle a mise hors de doute : c'est que « nos sens ne nous enseignent pas la réelle nature des choses, mais seulement ce en quoi elles nous sont utiles ou nuisibles. » La raison que Descartes en donne, avant Helmholtz, c'est que nos sensations sont des « signes » du rapport « qu'a notre corps avec les autres corps », et que ces signes ont pour unique objet « sa conservation. » Le darwinisme ajoutera que, dans la lutte pour la vie, ces sensations seules se sont développées qui permettaient au vivant de se mettre en harmonie avec ses conditions d'existence. Si le sens de l'ouïe, dit Descartes, apportait à notre pensée la vraie image de son objet, a il faudrait, au lieu de nous faire concevoir le son, qu'il nous fît concevoir le mouvement des parties de l'air qui tremblent contre nos oreilles. »

De là dérive la véritable notion de la matière, qui est le point de départ de l'évolutionnisme. Tous les savants et philosophes reconnaissent aujourd'hui avec Descartes que la couleur et le son, comme l'odeur et la saveur, n'existent point dans les corps. Mais on voudrait encore, de nos jours, faire exception pour certaines qualités, comme la pesanteur, la résistance, l'impénétrabilité. C'est reculer jusqu'aux prédécesseurs de Descartes, qui croyaient, eux aussi, que la pesanteur est une des qualités inhérentes aux corps, que tout corps est lourd ou léger « par nature. » Descartes l'a montré, et on ne devrait pas l'oublier maintenant, la pesanteur n'est qu'un cas du mécanisme ; c'est un problème à expliquer, ce n'est pas une explication. A cela on objecte : — N'apprécions-nous pas la pesanteur par l'effort que nous sommes obligés de faire pour soulever un poids ? — Sans doute ; mais il est clair que cet effort n'est qu'un mode de sentir et de réagir qui nous est propre. L'instinct nous porte à projeter un effort analogue dans les corps eux-mêmes, mais l'instinct nous porte aussi à y projeter la couleur et les sons. Pourquoi donc, demandera Descartes, nous imaginer que l'effort ait le privilège d'exister hors de nous dans les choses plutôt que la couleur et le son ?

De même pour la résistance et pour la dureté. La résistance, en physique, n'est qu'un mouvement arrêté dans une direction et obligé par cela même de se transformer. Il y a une certaine sensation musculaire qui accompagne cet arrêt de mouvement et qui même, en certains cas, va jusqu'à être pénible, comme quand nous recevons un coup ; mais la sensation musculaire n'existe pas plus indépendamment de nous que la douleur elle-même. Imaginez, dit Descartes, que, toutes les fois que nous portons les mains quelque part, les corps qui sont en cet endroit se retirent aussi vite que nos mains en approchent : « Il est certain alors que nous ne sentirions jamais de dureté ; et néanmoins nous n'avons aucune raison qui nous puisse faire croire que les corps qui se retireraient de cette sorte perdraient pour cela ce qui les fait corps. » L'impénétrabilité elle-même est une sorte d'idole qui, malgré Descartes, subsiste encore aujourd'hui dans la physique. Les parties de l'étendue sont en dehors l'une de l'autre et s'excluent mutuellement, voilà qui est certain ; mais, quand nous transportons aux existences cette exclusion mutuelle et absolue, nous ne faisons que nous figurer par l'imagination, sous un symbole plus ou moins grossier, la propriété intelligible qu'ont les parties de l'espace d'être en dehors les unes des autres. Si rien ne nous causait la sensation originale de résistance, d'effort arrêté, nous ne concevrions pas l'impénétrabilité. Scientifiquement, celle-ci se résout en deux mouvements de sens contraire qui se font équilibre ; c'est un simple arrêt de mouvement.

Au point de vue de la physique, Descartes a donc raison et ses idées seront de plus en plus confirmées. En dehors du moi et de tous les êtres sentants et agissants, il n'y a rien dans l'univers, pour le physicien, que des relations géométriques ou mécaniques, qui peuvent être soumises au calcul. De là le mot fameux de Descartes : « Donnez-moi l'étendue et le mouvement, je construirai le monde. » Comme la physique proprement dite n'a pas à s'occuper de l'essence des corps, comme elle se borne à l'étude des phénomènes et des lois, on peut dire que Descartes a fondé la physique sur sa base définitive.

Si, en dehors du mental, la matière proprement dite, la matière nue n'est que l'espace, il en résulte immédiatement que le monde est infini en étendue. Avec quelle mordante ironie Descartes raille ceux qui veulent enfermer l'univers « dans une boule ! » Il implique « contradiction, ajoute-t-il, que le monde soit fini ou déterminé, parce que je puis concevoir un espace au-delà des bornes du monde, quelque part que je les assigne. » Autre, d'ailleurs, est cette infinité d'étendue, et autre l'infinité de perfection que l'on conçoit « en Dieu seul. » Sur l'éternité du monde dans le passé, Descartes n'ose se prononcer ouvertement, cette opinion sentant trop le bûcher ; mais il est facile de voir quelle était sa pensée de derrière la tête. Pourquoi Dieu aurait-il attendu un certain moment précis pour créer ? Il répugne à la raison, dit quelque part Descartes, de croire que la puissance suprême « soit restée, dans la création, au-dessous de la puissance de notre imagination. » Descartes admet tous les infinis de quantité ; et si on lui objecte qu'il y a alors des infinis plus grands les uns que les autres, comme deux bandes parallèles infinies dont l'une est le double ou le triple de l'autre, il répond, avec une concision et une force admirables. « Pourquoi pas, puisque c'est sous quelque rapport fini que les infinis sont plus ou moins grands ? » *Cur non, in ratione finita* ?

Le mouvement étant le mode d'existence essentiel à la matière, la matière infinie est nécessairement mue et « enveloppe une infinité de mouvements qui durent perpétuellement dans le monde ; « il n'y a rien dans aucun lieu qui ne se change, et ce n'est pas dans la flamme seule qu'il y a quantité de parties qui ne cessent point de se mouvoir : il y en a aussi dans tous les autres corps. » Diderot se souviendra de cette pensée quand il dira : « Vous qui imaginez si bien la matière en repos, pouvez-vous imaginer le feu en repos ? » Il est étonnant que, de nos jours encore, il se trouve des philosophes pour rêver une matière immobile qui aurait eu besoin d'un moteur afin de se mettre en voyage dans l'espace. La matière, selon Descartes, ne pouvant ni se perdre, ni se produire en dehors de l'action divine, son mouvement ne peut davantage « ni se perdre ni s'engendrer ; » ce Protée, sous ses transformations, se retrouve toujours le même.

Descartes suppose donc la matière sans bornes animée, depuis un temps indéfini, de la quantité de mouvement qu'elle possède actuellement, et il en tire cette conséquence d'une prodigieuse audace : « Quand bien même nous supposerions le chaos des poètes, on pourrait toujours démontrer que, grâce aux lois de la nature, cette confusion doit peu à peu *revenir à l'ordre actuel…* Les lois de la nature sont telles, en effet, que la matière doit prendre nécessairement *toutes les formes* dont elle est capable. » C'est le principe même de l'évolution. Principe si hardi et si hérétique qu'il scandalisait Leibniz, lequel, à propos de cette page, insinuait que Descartes « y montre son âme à nu. » De nos jours encore, combien de philosophes et de savants reculent avec inquiétude devant cette nécessité pour la matière, essentiellement mobile, de prendre successivement toutes les formes dont elle est capable, et d'arriver, quel que soit le point de départ, à l'état présent du monde, où vous vivez et où je vis !

Outre la permanence du mouvement, principe de l'évolution, Descartes admettait également ce que les évolutionnistes appellent le continuel passage de l'homogène à l'hétérogène. La matière, pour lui, c'est l'espace homogène, et tout l'hétérogène a son explication *physique* dans les figures que le mouvement engendre à travers l'espace. Quant à cette variété par excellence qui est dans nos pensées et états de conscience, elle forme un monde tout différent du monde de l'étendue, lequel est déjà constant et complet en soi.

Au grand principe de la permanence et de la continuité du mouvement, qui, depuis Descartes, domine la science moderne, se rattache la conception de l'inertie. « Chaque chose, dit Descartes, demeure en l'état qu'elle est autant qu'il lui est possible, et jamais elle ne le change que par la rencontre d'autre chose. » Lorsqu'une chose a commencé une fois de se mouvoir, « nous n'avons aucune raison de penser qu'elle doive jamais cesser de se mouvoir avec la même vitesse, tant qu'elle ne rencontre rien qui retarde ou qui arrête son mouvement. » L'inertie n'est donc encore, sous un autre nom, que la persistance de la même quantité de mouvement. La seule erreur de Descartes consiste à avoir admis qu'on pourrait, à la rigueur, changer la « direction » des mouvements sans en altérer la « quantité. » C'était pour sauvegarder notre libre arbitre que Descartes nous attribuait ce pouvoir de changer la direction du mouvement. Par malheur, c'est seulement en modifiant la quantité qu'on peut modifier la direction. Leibniz l'a fort bien montré, mais il n'a pas lui-même trouvé la vraie formule mathématique pour exprimer la permanence de la force. En définitive, d'après la science contemporaine, qu'est-ce qui reste constant dans l'univers ? C'est la somme de deux quantités variant en sens inverse l'une de l'autre : ces deux quantités sont l'énergie actuelle (ou force vive de Leibniz) et l'énergie potentielle ; mais, en réalité, il n'y a dans la matière comme telle d'autre « énergie » que le mouvement, d'autre cause du mouvement ou de ses modifications qu'un autre mouvement ou une autre modification de mouvement ; c'est ce que Descartes a compris ; il n'y a donc pas d'énergie potentielle proprement dite ; toute énergie est actuelle et « cinématique. » Donc encore, les deux quantités dont la science moderne admet la constance dans l'univers sont deux quantités de mouvement à forme différente. Mais alors, c'est le triomphe définitif de Descartes, non de Leibniz, puisqu'en somme la science reconnaît la constance de la même quantité totale de mouvement, tantôt sous une forme visible, tantôt invisible et intestin. C'est une observation qu'il importait de faire en présence de toutes les spéculations scolastiques qu'on hasarde, encore aujourd'hui, sur la prétendue « énergie potentielle. »

La deuxième loi générale du mouvement, d'après Descartes, concerne la direction rectiligne de tout mouvement simple. La philosophie aristotélicienne admettait, en vertu de considérations sur les causes finales et la beauté, des mouvements curvilignes simples et primitifs ; Kepler même, sous le prétexte que le cercle est la plus belle des figures, avait jugé que les planètes doivent décrire des cercles. Descartes, qui avait chassé de la mécanique ces considérations de beauté et de finalité, montre que le mouvement rectiligne est seul simple et primordial. Cette loi, aujourd'hui incontestée, Descartes la déduit avec profondeur de la loi plus générale qui concerne la conservation du mouvement. « Le mouvement, dit-il, ne se conserve pas comme il a pu être quelque temps auparavant, mais comme il est précisément au *moment même où il se conserve.* » Or, considérez la pierre d'une fronde dans le moment actuel et au point précis où elle se trouve, il n'y a « aucune courbure en cette pierre. » Si donc elle se meut en ligne courbe, c'est que sa direction naturelle est continuellement changée par l'obstacle que lui apporte la corde ; sans cela, la pierre s'échapperait par la tangente, et c'est ce qu'elle fait dès qu'elle est abandonnée à son mouvement propre. De tous les mouvements, « il n'y a que le droit qui soit simple » et irréductible ; tout autre est complexe et peut se réduire à la résultante de mouvements divers. C'est donc dans la ligne droite que nous trouvons ici « l'idée claire et distincte, la nature simple » où se repose l'esprit, et que la méthode cartésienne prescrit partout de poursuivre.

La troisième loi, qui a également acquis droit de cité dans la science moderne, concerne la communication du mouvement. Celle-ci ne dépend, dit Descartes, que d'un seul principe : lorsque deux corps se rencontrent qui ont en eux des mouvements incompatibles, « il doit se faire quelque changement à ces modes pour les rendre compatibles ; mais ce changement est toujours *le moindre qui puisse être*. Lorsque la nature a plusieurs voies pour parvenir à un même effet, elle suit toujours infailliblement la plus courte. » Ainsi, un fleuve coule là où il y a le plus de pente et le moins d'obstacles. C'est donc encore Descartes qui a formulé cette célèbre loi de la *moindre action*, de la *moindre dépense*, de l'*économie de la nature*, des *voies les plus simples et les plus faciles*, toutes expressions synonymes. Cette loi, soutenue ensuite par Fermât, par Euler et Maupertuis, donna lieu à de nombreuses et interminables controverses philosophiques. Les partisans des causes finales ne manquèrent pas d'y voir un dessein de la nature ou de Dieu. Mais Lagrange, revenant à Descartes, démontra qu'elle dérive des lois primordiales du mouvement. « Le principe de la moindre action, conclut Lagrange, ne doit donc pas être érigé en cause finale : » il ne faudrait pas, encore aujourd'hui, s'extasier sur les résultats mécaniques de cette loi comme si elle manifestait une intention et une finalité.

Il est un autre grand principe de la mécanique moderne dont on veut faire honneur au génie de Newton et que nous devons, nous Français, revendiquer au profit de Descartes, puisqu'il faut rendre à chacun ce qui lui est dû. C'est le principe de l'égalité de l'action et de la réaction, inexactement appelé « principe de Newton. » Descartes l'énonce comme corollaire de sa troisième loi : « Quand un corps en pousse un autre, dit-il, ce corps ne peut lui donner aucun mouvement qu'il n'en perde en même temps autant du sien, ni lui en ôter que le sien ne s'augmente d'autant. »

On le voit, si Descartes s'est trompé sur plusieurs des lois particulières du choc, il n'en a pas moins formulé avec exactitude et réduit le premier en système ces grandes lois générales du mouvement qui sont les vraies raisons de l'évolution cosmique. De cette mécanique universelle, Descartes a déduit, bien avant Laplace, la mécanique céleste. C'est même lui, et non pas Newton, qui, le premier, eut l'idée féconde d'expliquer par un seul et même mécanisme la pesanteur à la surface de la terre et les révolutions des planètes autour du soleil. Il n'a pas, comme Newton, vu la pomme tomber, pour se demander ensuite, par analogie, comment la lune ne tombait point sur la terre ; mais, grâce à la puissance de son génie synthétique, il a embrassé d'avance tous les corps de l'univers dans les mêmes lois du « mouvement rotatoire. »

Roberval, dans son *Aristarque*, en 1644, attribuait à chaque particule matérielle la propriété d'*attirer* toutes les autres parties de l'univers et d'être attirée par elles. Descartes s'élève contre cette notion d'une force vraiment attractive qui nous ramènerait aux vertus occultes. Loin de s'attirer, tous les corps tendent, selon lui, à s'écarter les uns des autres par le fait même du choc. S'ils ne se dispersent point dans le vide infini, c'est que ce vide n'existe pas ; si les planètes s'écartaient par la tangente, elles seraient repoussées vers le centre par des corps dont la force centrifuge est plus grande, et qui, conséquemment, tendent plus qu'elles à se diriger vers la surface du tourbillon. La pesanteur, sur la terre, n'est pour Descartes qu'un cas particulier de cette loi universelle ; la terre, en effet, est le centre d'un tourbillon particulier, qui agit sur les corps terrestres comme le tourbillon solaire agit sur les planètes. Qu'un corps terrestre, par exemple une pierre, s'éloigne d'abord de la surface de la terre, ce corps y sera bientôt repoussé par les parties du tourbillon dont la force centrifuge est plus grande que la sienne. Une pierre tombe en vertu du même mécanisme qui fait qu'un morceau de liège remonte à la surface de l'eau. La pesanteur n'est donc qu'une impulsion et non une attraction. La « forme sphérique d'une goutte liquide » est l'effet de la pression « d'une matière subtile environnante, qui se meut et la pousse en tous sens, » en tendant elle-même à continuer tous ses mouvements en ligne droite : « C'est la même matière subtile qui, par cela seul qu'elle se meut autour de la terre, pousse aussi vers elle tous les corps qu'on nomme pesants. » — D'Alembert reconnaît que cette explication mécanique de la pesanteur est « admirable. » Si donc il est juste d'attribuer à

Newton la découverte des vraies lois et formules de la gravitation, il faudrait pourtant se souvenir que c'est Descartes qui a conçu la pesanteur universelle et l'a ramenée du premier coup à un simple mécanisme. Descartes a pressenti une autre loi qui joue un rôle très important dans la doctrine de l'évolution et dans les prédictions relatives à l'état futur du monde : c'est qu'il y a plus de mouvement de masse à se transformer en mouvement moléculaire que de mouvement moléculaire à se transformer en mouvement de masse, si bien que l'univers tend vers un état où les mouvements de masse seraient supprimés et remplacés par les mouvements moléculaires :
— « Il y a bien plus de rencontres, dit Descartes, où le mouvement des plus grands corps doit passer dans les plus petits qu'il n'y en a, au contraire, où les plus petits puissent donner le leur aux grands. »

En somme, la cosmogonie de Descartes est la première cosmogonie scientifique que mentionne l'histoire. État essentiellement vibratoire des corps, tous composés « de petites parties qui se meuvent en même temps de tous côtés ; » composition gazeuse du soleil, assimilation du soleil à une flamme qui, à chaque instant, a besoin de nourriture pour réparer ses pertes ; état primitivement gazeux de toutes les planètes ; feu central de la terre, périodes géologiques, « encroûtement » des corps célestes par refroidissement, variation d'éclat des étoiles due au changement de « croûtes » qui se forment à leur surface (explication reprise de nos jours par M. Faye), etc. Ajoutons que Descartes, malgré les précautions excessives dont il s'enveloppa en apprenant la condamnation de Galilée, est le savant qui contribua le plus à faire triompher la doctrine de Copernic. Si l'histoire des idées est encore plus importante que celle des événements, on nous pardonnera sans doute d'avoir insisté sur la vraie part de Descartes dans les découvertes de la mécanique céleste.

IV

La permanence du mouvement a pour corollaire sa transformation. Descartes, on l'a déjà vu, a aperçu et formellement énoncé cette conséquence. Il a donc, le premier, soutenu la doctrine contemporaine de l'unité des forces physiques : — « C'est, dit-il, le mouvement seul qui, selon les différents effets qu'il produit, s'appelle tantôt chaleur et tantôt lumière. » — « Qu'un autre, » ajoute-t-il, avec la fierté du savant qui a conscience de parler comme parleront les siècles à venir, « qu'un autre imagine dans le corps qui brûle la *forme* du feu, la *qualité* de la chaleur et enfin l'*action* qui le brûle comme des choses diverses ; pour moi, qui crains de me tromper si j'y suppose quelque chose de plus que ce que je vois nécessairement y devoir être, *je me contente d'y concevoir le mouvement de ses parties* ; et cela seul pourra produire en lui tous les changements qu'on expérimente quand il brûle. » — Voilà donc, ici encore, l'explication mécanique substituée aux explications prétendues par les « formes, » les « qualités » et les « actions. »

Poursuivant sa marche triomphale à travers toutes les sciences et jetant les vérités comme à pleines mains, Descartes explique le magnétisme par les lois du mouvement et compare la terre à un vaste aimant. Il explique la lumière non par l'émission de particules à travers l'espace, comme le soutiendra faussement Newton, mais par la transmission d'une *pression* à travers le fluide éthéré : — « De même, dit Descartes, le choc se transmet à travers une série de billes qui se touchent. » Par là il pose la base du système des « ondes, » que le cartésien Huygens opposera victorieusement à la théorie newtonienne de l'émission. Il découvre aussi la théorie mécanique de la chaleur, et explique la chaleur par un mouvement oscillatoire des « particules corporelles ; » il montre que « tout mouvement violent produit le feu, » que la chaleur à son tour peut produire les effets mécaniques les plus divers, enfin que le mouvement lumineux peut se transformer en mouvement calorifique.

Le premier encore, Descartes découvre et démontre, par une décomposition de mouvements, la loi de la réfraction de la lumière ; il en donne l'élégante formule trigonométrique qui porte encore son nom ; il en déduit la théorie des principaux instruments d'optique. Comparant la décomposition de la lumière dans la goutte d'eau à sa décomposition par le prisme, il explique le premier la formation des deux arcs-en-ciel. C'est par une ridicule injustice qu'on a voulu, sans le moindre fondement, attribuer à l'Allemand Snellius la découverte de la réfraction.

Non moins injustes sont ceux qui attribuent à Torricelli la première idée de la pesanteur de l'air et à Pascal tout l'honneur des expériences du Puy-de-Dôme. Descartes, qui a toujours tenu pour le plein, a toujours aussi reconnu que l'air était pesant et qu'il faut rapporter à cette pesanteur de l'air, avec l'ascension des liquides, « la suspension du vif-argent. » C'est à Descartes, non à Torricelli, qu'est due l'idée de la pesanteur de l'air et de son influence sur l'ascension des liquides. Et c'est aussi à Descartes qu'est due l'idée de l'expérience du Puy-de-Dôme, ainsi que la célèbre comparaison de l'air avec « la laine : » Pascal la lui emprunte sans le nommer. Que Descartes, lui, n'ait rien emprunté à personne, nous sommes loin de le soutenir ; mais c'est toujours sur les détails que ses emprunts portent. Il est tellement épris de l'universel que, pour lui, les vérités isolées doivent leur principale valeur à leur rapport avec le tout, à leur place dans le système intégral. C'est ce qui fait qu'il croit retrouver son bien quand il fait entrer les idées d'autrui dans sa doctrine. Il est architecte en philosophie : pour construire une œuvre personnelle, il faut des pierres, du marbre même et de beau marbre ; mais tous ces matériaux n'ont leur valeur architecturale que par la manière dont ils sont disposés. « J'avoue, dit Descartes, que je suis né avec un esprit tel que le plus grand bonheur de l'étude consiste pour moi, non pas à entendre les raisons des autres, mais à les trouver moi-même. » Un livre tombait-il entre ses mains, il aimait à en regarder le titre, l'introduction, à voir aussi l'énoncé du problème, puis, le livre aussitôt refermé, à découvrir lui-même la démonstration. Un livre était donc pour lui un problème sur lequel il se plaisait à exercer sa propre méthode. Quand il avait tout retrouvé à sa manière et tout rangé à sa place dans son système, il lui arrivait parfois d'oublier la bonne occasion que les autres lui avaient offerte de repenser leur pensée. En ce qui concernait ses inventions propres, tantôt il était fort jaloux de leur nouveauté et de leur originalité, tantôt il se laissait prendre son bien sans trop de souci, et se montrait généreux des miettes de son génie ; un de ses amis lui reproche sur ce sujet sa magnanimité. Au reste, c'était entre les savants d'alors un tel conflit de prétentions pour toute découverte, que l'historien finit par s'y perdre. Ce n'en est pas moins Descartes qui, d'après les travaux les plus récents, sort à son honneur des discussions relatives à la découverte des lois de la réfraction et des lois de l'ascension des liquides.

En somme, Descartes a établi sur ses vraies bases la physique moderne, qui est l'étude des transformations diverses du mouvement. Mais, supérieur en cela à bien des savants et philosophes de notre temps, il n'a jamais admis la transformation possible du mouvement, comme tel, en pensée. Tandis que, par exemple, nous voyons Spencer osciller pitoyablement sur ce point, passer de la négation à l'affirmation, présenter parfois la pensée comme une transformation de la chaleur et des vibrations cérébrales, Descartes, lui, n'hésite jamais : le mouvement est d'un côté, la pensée est de l'autre, et de tous les mouvements réunis ne peut, comme dira Pascal en commentant Descartes, réussir la moindre pensée. Descartes n'eût donc pas admis, comme Spencer, que l'évolution du monde soit de nature uniquement mécanique et que ses facteurs primitifs ne renferment aucun élément mental. Pour Descartes, l'évolution est indivisiblement mécanique et intellectuelle.

V

De même que la physique moderne, la physiologie moderne a été établie par Descartes sur ses vrais fondements. Les corps organisés réclament-ils, au point de vue de leurs fonctions *vitales*, un principe nouveau différent du pur mécanisme ? Nullement ; l'organisme vivant n'est encore, selon Descartes, qu'un mécanisme plus compliqué, la physiologie n'est qu'une physique et une chimie plus complexes. Le vitalisme de l'école de Montpellier, avec son « principe vital » digne du moyen âge, l'animisme de certains médecins, qui attribuent à l'âme la vie répandue dans le corps, sont pour Descartes des rêveries scolastiques. Dans son écrit *des Passions de l'âme*, Descartes fait cette remarque grosse de conséquences, que le cadavre n'est pas mort seulement parce que l'âme lui fait défaut, mais parce que la machine corporelle est elle-même en partie détruite et ne peut plus fonctionner. « C'est se tromper que de croire que l'âme donne du mouvement et de la chaleur au corps. » Quelle différence y a-t-il donc entre un corps vivant et un cadavre ? La même différence qu'entre « l'horloge qui marche » et l'horloge usée et détraquée qui ne peut plus marcher.

Sur les origines de la vie et des espèces vivantes, Descartes se tait, par prudence sans doute ; mais ses principes parlent assez haut : tout ce qui n'est pas la pensée même doit s'expliquer par le mouvement ; la machine organisée ne peut donc être différente des autres et doit avoir son origine dans les lois de la mécanique universelle. Descartes admet les générations spontanées, — auxquelles on reviendra un jour, croyons-nous, sous une forme moins enfantine que celle dont M. Pasteur a fait la réfutation ; — Descartes reconnaissait donc la transformation possible du mouvement ordinaire en un tourbillon vital. La génération n'est pour lui qu'un phénomène chimique et calorifique. Et si l'on s'étonne, il répond avec l'éloquence géométrique d'un Pascal : « Quelqu'un dira avec dédain qu'il est ridicule d'attribuer un phénomène aussi important que la formation de l'homme à de si petites causes ; mais quelles plus grandes causes faut-il donc que les lois éternelles de la nature ? Veut-on l'intervention immédiate de l'intelligence ? — De quelle intelligence ? De Dieu lui-même ? Pourquoi donc naît-il des monstres ? »

Devançant Darwin, Descartes pressent la loi qui veut que les organismes mal conformés et stériles disparaissent, tandis que les organismes féconds subsistent seuls avec leurs espèces en apparence immuables. « Il n'est pas étonnant, dit-il, que presque tous les animaux engendrent ; car ceux qui ne peuvent engendrer, à leur tour, ne sont plus engendrés, et dès lors ils ne se retrouvent plus dans le monde. » En conséquence, les espèces fécondes subsistent seules à la fin. Mais il ne faut pas croire pour cela qu'elles aient été les seules productions de la nature, ni les œuvres d'un dessein spécial, pas plus que les formes de la neige ou de la grêle. Les objections qu'on adresse encore de nos jours à la grande conception de Darwin eussent fait hausser les épaules à Descartes.

Une fois produit mécaniquement, le germe se développe à son tour suivant les règles de la mécanique. « Si on connaissait bien, dit Descartes, quelles sont toutes les parties de la semence de quelque espèce d'animal en particulier, par exemple de l'homme, on pourrait déduire de cela seul, par des raisons entièrement mathématiques, toute la figure et conformation de chacun de ses membres, comme aussi réciproquement, en connaissant plusieurs particularités de cette conformation, on en peut déduire quelle est la semence. » Et il s'efforce hardiment de faire ces déductions sur la vie. « La chaleur, conclut-il, est le grand ressort et le principe de tous les mouvements qui sont en la machine. » Et cette chaleur est toute chimique : « Il n'est pas besoin d'imaginer qu'elle soit d'autre nature qu'est généralement toute celle qui est causée par le mélange de certains liquides. » Le mouvement de nos membres n'est qu'une transformation du « feu sans lumière. »

La respiration, en particulier, est par là entretenue. Après Lamarck et Darwin, voici venir Lavoisier : « La respiration, dit avant lui Descartes, est nécessaire à l'entretien de ce feu qui est le principe corporel de tous les mouvements de nos membres. L'air sert à nourrir la flamme ; de même, l'air de la respiration, se mêlant en quelque façon avec le sang avant qu'il entre dans la concavité gauche du cœur, fait qu'il s'y échauffe encore davantage... » Aussi les animaux sans poumons « sont d'une température beaucoup plus froide. » Le sang, à son tour, par sa circulation incessante, « porte la chaleur qu'il acquiert à toutes les parties du corps et leur sert de nourriture. » La matière de notre corps « s'écoulant sans cesse, ainsi que l'eau d'une rivière, il est besoin qu'il en revienne d'autre à sa place. »

Pour comprendre comment chaque particule de l'aliment « va se rendre à l'endroit du corps qui en a besoin » faut-il, comme on le faisait alors, comme on le fait parfois aujourd'hui, imaginer des affinités, « supposer en chaque partie du corps des facultés qui choisissent et attirent les particules de l'aliment qui lui sont propres ? » Non, « c'est feindre des chimères incompréhensibles, et attribuer beaucoup plus d'intelligence à ces choses chimériques que notre âme même n'en a, vu qu'elle ne connaît en aucune façon, elle, ce qu'il faudrait que ces causes connussent. » Restituons donc, encore ici, les vraies raisons mécaniques, savoir : « la situation de l'organe par rapport au cours que suivent les particules alimentaires, la grandeur et la figure des pores où elles entrent ou des corps auxquels elles s'attachent. » Quant aux particules non assimilées, elles sont excrétées par des organes qui ne sont que « des cribles diversement percés. La découverte de Harvey avait rencontré une opposition générale. L'adhésion de Descartes eut une influence décisive en sa faveur.

Les « esprits vitaux ou animaux » dont on s'est moqué assez sottement, bien que Descartes les déclare, à mainte reprise, « purement matériels, » ne sont autre chose que le fluide nerveux, qui lui-même, comme tout fluide, se ramène pour Descartes à des phénomènes d'impulsion et de pression. Les esprits vitaux se meuvent et opèrent le mouvement des organes exclusivement d'après les lois de la mathématique et de la mécanique. Ce sont les « impulsions venues du dehors » qui produisent des « pressions dans les nerfs, » et nous avons déjà remarqué la parenté du phénomène de la pression avec celui de l'ondulation.

Loin de trouver ici à rire, nous trouvons encore à admirer ; car c'est à Descartes que remonte la théorie et le nom même des actes réflexes : *undulalione reflexa.* Tous les mouvements que nous accomplissons, dit-il, sans que notre volonté y contribue, « comme il arrive souvent que nous respirons, que nous marchons, que nous mangeons… ne dependent que de la conformation des membres et du cours que les esprits suivent naturellement dans les nerfs et dans les muscles ; de même façon que le mouvement d'une montre est produit par la seule force de son ressort et la figure de ses roues. » En face d'un objet effroyable, par exemple, dont l'image se forme dans le cerveau, les esprits animaux du fluide nerveux, a réfléchis de l'image, vont se rendre en partie dans les nerfs qui servent à tourner le dos et à remuer les jambes pour s'enfuir. » Chez d'autres individus, ceux qui ont le tempérament courageux, « les esprits vitaux, réfléchis de l'image, peuvent entrer dans les pores du cerveau qui les conduisent aux nerfs propres à remuer les mains pour se défendre, et exciter ainsi la hardiesse. » Descartes en conclut que l'homme, s'il avait une science suffisante, pourrait fabriquer un automate accomplissant toutes les fonctions du corps humain, capable même de « répondre par des cris et des mouvements aux coups et aux menaces. » Descartes se sert ici d'une comparaison ingénieuse et frappante. C'était le goût du temps, dans les jardins princiers, que de fabriquer des grottes et des fontaines où la seule force de l'eau faisait mouvoir des machines, jouer des instruments, prononcer même des paroles. On entrait dans une grotte, et une Diane au bain prenait la fuite. Descartes compare les nerfs « aux tuyaux des machines de ces fontaines, « les muscles et tendons aux divers engins et ressorts qui servent à les mouvoir, » le fluide nerveux « à l'eau qui les remue. » Les objets extérieurs, « qui par leur seule présence agissent sur les organes des sens, et qui, par ce moyen, déterminent des mouvements en diverses façons, sont comme les étrangers qui, entrant dans ces grottes, causent eux-mêmes, sans y penser, les mouvements qui s'y font en leur présence ; car ils n'y peuvent entrer sans marcher sur certains carreaux tellement disposés qu'ils amènent tel ou tel mouvement. » L'âme raisonnable est le « fontainier, » qui se rend compte de tout ce qui se passe. Descartes eut le tort de déclarer inutile l'existence d'une conscience chez les animaux. Mais cette théorie même de l'animal-machine, que Descartes n'a pas soutenue sans hésitation ni restriction, provoqua des discussions fécondes : elle passionna Mme de Sévigné et La Fontaine ; elle fut utile pour faire comprendre le caractère exclusivement mécanique de toutes les fonctions corporelles, même chez l'homme, à plus forte raison chez les animaux. Dans l'homme, l'automate corporel est certainement lié, selon Descartes, à un automate sentant et pensant ; dans l'animal, Descartes se contente de poser, comme seul certain, l'automate corporel. Par là, il manque à toutes les lois de l'analogie ; mais c'est là une erreur de psychologie, non de naturaliste. Descartes demeure le fondateur de la physiologie moderne.

VI

Examinez, au Louvre, le portrait de Descartes par Franz Hals ; vous y retrouverez cette grosse tête, « si pleine de raison et d'intelligence, » disait Balzac, ce front large et avancé, ces cheveux noirs et rabattus sur des sourcils accentués, ces yeux grands ouverts, ce nez saillant, cette large bouche dont la lèvre inférieure dépasse légèrement celle de dessus, enfin toute cette physionomie sévère et un peu dédaigneuse où il y avait plus de force que de grâce. On lit sur son visage la méditation patiente, obstinée, qui rappelle le bœuf traçant son sillon. L'œil est scrutateur, il semble dire : qu'est cela ? Les lèvres nous semblent indiquer le jugement et le calme, avec de la bonté. De fait, ses biographes nous apprennent qu'il avait un naturel bon et sensible : il se fit aimer de tous ceux qui le servaient, — y compris son valet Guillot, lequel devint, grâce à ses leçons, professeur de mathématiques. Si Descartes refusa de se marier, ce fut sans doute pour ne point enchaîner sa liberté. On sait qu'en Hollande il connut une personne nommée Hélène, avec laquelle il passa l'hiver de 1634 à 1635 ; au printemps, il s'enferma avec elle dans sa solitude de Deventer. Elle donna le jour à une fille, qui fut baptisée sous le nom de Francine, et qui, cinq ans après, mourut entre les bras de son père, le 7 septembre 1640. Descartes n'éprouva jamais, dans sa vie, de plus grande douleur. Millet a remarqué que c'est après la naissance de Francine et en songeant peut-être à l'avenir de son enfant que Descartes se résolut enfin à publier ses écrits. Il n'aimait pas à faire des livres, — quoiqu'il en dût faire un si grand nombre ; — et il ne les publiait que sur les instances réitérées de ses amis. Sa devise était : *Bene vixit, qui bene latuit.* Sa prudence de Tourangeau, son esprit de conduite, sa finesse, sa patience politique, son art de ménager les puissances tout en arrivant à ses fins, font songer qu'il est né à quelques pas du château de Richelieu. Sa forte personnalité, sa sincérité hautaine, que seule tempérait sa prudence, son indocilité aux opinions d'autrui, son assurance en soi-même, tenaient non à sa prétendue origine bretonne, imaginée par Victor Cousin, mais simplement à la conscience de son génie. « Je suis devenu si philosophe, écrit-il à Balzac, que je méprise la plupart des choses qui sont ordinairement estimées, et en estime quelques autres dont on n'a point accoutumé de faire cas. » On lui a reproché le sentiment qu'il avait de sa valeur ; il a répondu d'avance et fièrement : — « Il se faut faire justice à soi-même, en reconnaissant ses perfections aussi bien que ses défauts ; et si la bienséance empêche qu'on ne les publie, elle n'empêche pas pour cela qu'on ne les ressente. » « D'ailleurs, ajoute-t-il, ce sont les plus grandes âmes qui font le moins d'état des biens qu'elles possèdent ; il n'y a que les faibles et basses qui s'estiment plus qu'elles ne doivent et sont comme les petits vaisseaux que trois gouttes d'eau peuvent remplir. » Ce génie, qui n'a guère d'égal, réunissait le souci scientifique des détails à la recherche philosophique des plus vastes ensembles. Si Descartes s'est montré tellement curieux de toutes choses, depuis les lois de la musique jusqu'à celles des météores ou à celles du développement de l'embryon, ce n'était point pour chaque chose en elle-même, mais pour la lumière qui peut en rejaillir sur tout le reste, ou plutôt pour celle qui descend d'un foyer supérieur et que le moindre des objets reflète. De nos jours, on a beau vouloir séparer la science positive de la philosophie, l'idéal de la vraie science, celui que Descartes a poursuivi, demeure toujours le même : la philosophie ne cessera jamais d'être nécessaire pour apercevoir les choses dans leur unité. Kant était fidèle à la pensée de Descartes, quand il disait que « les sciences n'ont rien à perdre à s'inspirer de la vraie métaphysique. » Rien, en effet, n'est plus propre à susciter les grandes inventions que le retour aux principes dominateurs de la science. Depuis un demi-siècle, dans le pays même de Descartes, les savants l'ont trop oublié. Il en est résulté que les grandes hypothèses et généralisations scientifiques sont venues d'ailleurs, et qu'à force de a positivisme » nous avons laissé stériles les vérités qui étaient déjà dans Descartes. N'est-ce pas à la France qu'il appartenait d'établir la théorie mécanique de la chaleur ? Cette théorie, nous venons de le voir, est en toutes lettres dans Descartes (qu'on ne lit pas), et elle n'avait plus besoin que de quelques confirmations expérimentales. Et la théorie de la corrélation des forces vives ? Et celle de l'évolutionnisme ? Elles sont encore dans Descartes. On a dit avec raison que l'esprit français a manqué les plus grandes découvertes de notre siècle faute d'idées philosophiques. Il n'y a pas lieu d'en féliciter Auguste Comte, qui a rétréci et découronné le cartésianisme en même temps que le kantisme. Est-ce en plein XIXe siècle qu'il était utile de proclamer la science indépendante de la métaphysique, comme si la métaphysique était aujourd'hui gênante ? Quant à confondre la métaphysique, comme le fait Auguste Comte, avec « l'explication des choses par des entités, » c'est oublier que ce sont précisément les grands métaphysiciens et, plus que les autres, Descartes, qui ont chassé toutes les entités du domaine de la science. N'avons-nous pas vu qu'avant Descartes la science était anthropocentrique, comme l'astronomie de Ptolémée, puisqu'elle expliquait tout par des qualités, des forces, des causes et des fins, qui ne dépendent que de la nature humaine et n'existent que d'un point de vue humain ? Ce n'est donc pas Auguste Comte, ce n'est pas même Kant, c'est Descartes qui est le vrai Copernic de la science moderne.

Descartes a remarqué avec raison que le plus important pour la science est encore moins la solution actuelle des problèmes que la détermination par avance des « conditions de la solution juste » Or, Descartes a lui-même déterminé par avance, et sans erreur, toutes les *conditions de solution juste* dans les problèmes que posent les sciences de la nature. S'il est des questions particulières qu'il n'ait pas exactement résolues, qu'importe en comparaison de son infaillible conception du mécanisme universel ? Pris en son ensemble et au point de vue purement *physique*, le système cartésien du monde est le vrai ; aussi peut-on dire que Descartes est le père spirituel de tous les savants de notre époque.

On a cependant adressé à ce système du monde bien des objections. Deux seulement, selon nous, ont de la valeur. D'abord, dit-on, comment les parties d'un tout absolument plein peuvent-elles se mouvoir ? Votre monde purement géométrique n'est-il point à jamais « pris dans les glaces ? » — Mais, répondrons-nous, on peut concevoir, avec Descartes, que les vides qui tendraient à se former par le déplacement de telles parties soient, à l'instant même, comblés par d'autres parties. — Pour cela, réplique-t-on, il faut que tout mouvement se communique instantanément. — C'est bien là, il est vrai, ce que Descartes a admis lui-même : tout mouvement se transmet instantanément et produit instantanément « quelque anneau ou cercle de mouvement. » Mais Descartes a eu tort d'aller si vite et d'en conclure que la lumière du soleil, par exemple, « étend ses rayons en un instant depuis le soleil jusqu'à nous. » Il compare chaque rayon à un bâton dont on ne peut mouvoir un bout sans que l'autre soit mû en même temps. C'était là une application fausse d'une théorie qui peut être vraie en son principe. Selon nous, le *plein* universel ne s'oppose pas aux *ondulations* du mouvement, et ce sont celles-ci qui l'empêchent de se transmettre en un seul instant sous la même forme, par exemple sous la forme lumineuse. L'onde éthérée qui produit la lumière peut décrire sur soi des cercles innombrables, elle peut, en tournant ainsi, aller en avant, revenir en arrière, aller de nouveau en avant. Cette danse réglée peut exiger et exige un certain temps pour faire arriver les ondes lumineuses depuis le soleil jusqu'à la terre. Dès lors que la transmission de la lumière n'est pas rectiligne, mais ondulatoire, c'est-à-dire « par *tourbillons*, » on n'a plus le droit de conclure l'instantanéité de la transmission entre le soleil et la terre. Il y a donc eu, chez Descartes, erreur d'application, non de principe. Ce qui rend si difficile ce problème, c'est que la nature de la durée y est impliquée ; mais le temps exigé par la lumière pour venir jusqu'à nos yeux ne prouve pas l'existence du vide, comme le croient beaucoup de savants à notre époque.

On a objecté, en second lieu, au mécanisme cartésien l'élasticité de la matière. C'est l'objection capitale de Leibniz, reprise de nos jours par MM. Renouvier et Ravaisson, par

Lange et beaucoup d'autres. On a voulu voir dans l'élasticité la preuve d'une *force* inhérente à la matière ; mais, au point de vue cartésien, l'élasticité ne peut pas plus être une qualité primordiale que la pesanteur. L'idée d'atome dur et indivisible serait sans doute incompatible avec celle d'élasticité ; car celle-ci suppose une molécule composée dont les différentes parties, sous le choc d'un corps extérieur, se déplacent en se comprimant, puis reprennent leur position en rendant l'impulsion qu'elles ont reçue. Mais Descartes n'admet pas d'atome : toute particule de matière est pour lui composée ; il n'y a donc aucune molécule qui ne puisse avoir de l'espace pour se comprimer et rebondir. Seulement, ici encore, il faut que le mouvement qui cause l'élasticité soit un tourbillon. Or, les belles recherches de Poinsot sur les corps tournants expliquent comment des particules éthérées, sans être (comme le croyait Huygens) élastiques « par nature, » peuvent cependant rebondir les unes sur les autres et produire les effets apparents de l'élasticité : un corps non élastique peut, s'il tourne, être renvoyé par un obstacle, tout comme un corps doué d'élasticité ; il a même souvent, après le choc, une vitesse beaucoup plus grande qu'auparavant, car une partie du mouvement de rotation s'est changée en mouvement de translation. Deux tourbillons ou deux ondes peuvent donc, par des combinaisons mécaniques, produire ce rebondissement d'élasticité dont on voudrait, encore aujourd'hui, faire une force occulte : la physique l'expliquera un jour, nous en sommes convaincus, par des principes de mécanique essentiellement cartésiens.

La mécanique universelle, telle que Descartes l'a conçue, sera la science à venir. Les études expérimentales elles-mêmes, à mesure qu'elles feront plus de progrès, prendront de plus en plus la forme des sciences démonstratives. La mécanique est déjà ramenée aux mathématiques, la physique tend à se réduire à la mécanique ; de même pour la chimie, pour la physiologie ; la psychologie et les sciences sociales font dans leur propre domaine une part de plus en plus grande à la mécanique : tout apparaît soumis au nombre, au poids, à la mesure, « les nombres régissent le monde. » Arrivera-t il un jour où, selon le rêve secret de Descartes, l'expérimentation sera remplacée par la démonstration ? Pour que cela eût lieu, il faudrait que l'homme pût égaler ses conceptions aux réalités, ses combinaisons mentales aux combinaisons des choses elles-mêmes. Idéal dont l'esprit humain peut se rapprocher toujours, mais qu'il ne saurait atteindre. Le caractère de la nature, en effet, est l'infinité. Dans une machine vivante il y a une infinité de petites machines ou organes qui en contiennent d'autres encore, et ainsi de suite ; dans une masse quelconque de matière il y a une infinité de parties. Descartes reconnaît lui-même que tout est infiniment grand ou infiniment petit selon le point de comparaison, et on sait la conclusion que Pascal en tire : l'homme a beau enfler ses conceptions, il ne peut les égaler à l'ample sein de la nature. Or, s'il en est ainsi, les constructions de notre esprit et les formules de nos raisonnements ne sauraient être assez vastes pour tout embrasser : il faut recourir sans cesse à l'expérience, revenir au contact de la réalité même pour saisir sur le fait les combinaisons nouvelles que nous n'aurions pu prévoir. L'univers, mêlant et démêlant toutes choses, comme il le fait sans cesse, demeurera donc toujours supérieur à la pensée de l'homme. Au reste, Descartes le dit lui-même, on ne peut se passer de l'expérience pour savoir ce qui est réalisé actuellement parmi l'infinité des possibles, pour déterminer où en est la grande partie qui se joue sur l'échiquier de l'univers. Descartes n'en conçoit pas moins l'espoir d'arriver du moins à connaître la loi fondamentale de la matière, et cette espérance n'est point aussi étrange qu'elle le semble au premier abord. Il n'y a peut-être pas dans la nature, sous le rapport des qualités, cette infinité qu'elle offre sous le rapport des quantités ; la nature n'a peut-être pas un fonds aussi riche que nous le supposons. Ne se répète-t-elle pas elle-même d'une planète à une autre, d'un soleil à un autre, avec une sorte de pauvreté et une désespérante monotonie ? Les métaux qui sont dans les étoiles sont les mêmes que nos métaux de la terre. Nous ne connaissons qu'une soixantaine de corps simples en apparence, qui en réalité sont composés et que la science décomposera sans doute un jour ; pourquoi donc un moment ne viendrait-il pas où nous connaîtrions le vrai et unique corps simple ? L'atome même, s'il existe, n'est peut-être pas aussi insaisissable, aussi inviolable qu'on le prétend. Peut-il d'ailleurs exister des atomes ? Descartes nous dira que ces prétendus indivisibles sont encore des tourbillons de mouvements qui en enveloppent d'autres, et, si nous ne pouvons épuiser la spirale de ces rotations sans fin, nous en pouvons saisir la formule mathématique. Celui qui connaîtrait, dit Descartes, « comment sont faites les plus petites parties de la matière, » celui-là posséderait le secret de la physique. Le code de la nature est déjà entre nos mains : c'est la mathématique universelle ; nous n'avons plus qu'à faire rentrer sous ses lois les démarches particulières des choses ; nous n'y parviendrons jamais dans le détail, sans doute, mais nous n'en possédons pas moins les principes et les procédés généraux. Quand on a résolu mille équations particulières, est-il nécessaire de continuer indéfiniment le même travail ? Nous amuserons-nous à expliquer une à une les formes singulières des vagues de l'océan qui se brisent à nos pieds ? Au fond, chacun de ces mouvements est une équation résolue d'après la même formule, et chaque vague qui murmure, sur des tons divers, nous répète le même mot.

Descartes a donc, d'une vision claire, aperçu l'idéal et le but dernier de la science ; il en a déterminé la méthode ; il a marqué d'avance les grands résultats aujourd'hui obtenus, il a annoncé tous nos progrès. Et il n'a pas seulement, comme du haut d'une montagne, contemplé de loin la terre promise, il l'a envahie lui-même, il y a fait de vastes conquêtes ; par ses préceptes et par ses exemples, il a enseigné aux autres la vraie tactique et la vraie direction ; enfin, il leur a laissé le plan précis de tout ce qu'ils devaient eux-mêmes découvrir. Sainte-Beuve a dit de Bossuet qu'il était le prophète du passé ; on peut dire de Descartes qu'il est le prophète de la science à venir.